だいわ文庫

人の心を動かす「影響力」

操らない、騙さない、ただ、そうしてくれる。

ヘンリック・フェキセウス＝著
樋口武志＝訳

大和書房

はじめに――影響力の基本的なルール

本書は、人間関係におけるストレスをなくし、その場の流れを自分の望む方向に導くことのできる「影響力」について書いた本です。

これからは、周囲の人に合わせて自分の言動を決めるのはやめてください。周りの人に合わせて右往左往するのではなく、自分の人生の主人公になるのです。

本書で影響力の心理を学ぶことで、あなたはそれだけの「パワー」を得ることになります。

心理学の本というと、人を説得したり、思い通りに操作するためのさまざまな本がありますが、本書はそうした本とは違います。この本であなたが学ぶ人間心理は、人の無意識のレベルに影響を与えるものです。

相手を意図的に操ろうとすると、意識が司る理性に働きかけるがゆえに察知され、たいていの場合うまくいきません。でも本書ではその代わりに、あらゆる意識の分析や抵抗を回避して、**無意識の領域にある「人の感情と振る舞い」に影響を与える**方法を書きました。そしてまた、他人の影響力に流されず、自分の考えを保持する方法について書きました。

個人的な利益のために人間心理を学ぶのは気が引けるでしょうか？

まるで人を意のままに操っているように聞こえるし、反道徳的にすら聞こえますか？「打算的」だと思ったり、「パワーを得るなんて、恐ろしいこと」だと。

ただ、もしそう思ったなら、そのときあなたが想像しているのは、時代遅れでネガティブな、どちらかというと「間違ったパワー」です。

スタンフォード大学の心理学者フィリップ・ジンバルドーが、70年代に驚くべき方法で権力の恐ろしさを明らかにしたのは有名な話でしょう。彼はランダムに学生を選出し、「囚人役」と「看守役」にわけて実験を行ったのです。数時間後、「囚人役」の学生たちは「看守役」の学生たちから精神的苦痛を受けるようになりました――彼らは現実には友だちであるにもかかわらず、です。普段と唯一違うのは、看守役の学生たちが突然「パワー」を持ったことです。

もっと身近なところでは、体育の授業で選出された2人の代表者が、それぞれのチームのメンバーを選ぶようなときに、パワーが濫用《らんよう》される様子を目にしたことがあるかもしれません。

最近私もその一例を目撃しました。10歳の子どもが父親のパソコンの管理権を持ったとたんに、学校の友だちとやっているオンラインゲームで、自分の許可を得ないとログインさせないと言い出したのです。それはまるで『蠅の王』を連想させる状況でした。

パワーについて研究しているノルウェーの研究者リンダ・ライは、「他者の振る舞いに影響力を持つ人々（つまりパワーを持つ人）」の7割から8割が、特権を濫用するか、少なくとも問題のある行動を起こすことを明らかにしました。

しかしそれは古典的な、時代遅れの「パワー」の使い方です。こうしたパワーとこれから学ぶ「影響力」は、夜と昼ほど違います。本書では、不健全なパワーに比べてはるかに建設的なパワーの使い方を提供するつもりです。

他人に影響を与えるとは、要するに「場を支配する」ということです。しかし、私の提案する影響力の使い方は、あなたが支配者であるにもかかわらず、みな自分が支配者のような気分になります。出し抜かれたと感じる者は誰もおらず、誰もが自分のほしいものを手に入れたような気分になるのです（たとえ彼らがあなたに影響を受けて動いただけだとしても、です）。

これから紹介するテクニックの数々は、実際に私たちが自然に行っている仕草やコミュニケーションを活用したものです。本書は、次の二つの原則に基づいています。

・第一に、日々のコミュニケーションにおいて、相手の思考や行動に影響を与える方法をしっかりと理解すること。

私たちの言葉、ボディランゲージ、そして思考は、いつもトリガーとなって話し相手に心理作用を引き起こします。心の仕組みを知り、心理作用を引き起こすトリガーを適切に学ぶことが、人に影響を与えるためには重要なことです。

・第二に、どのように影響するものであれ、影響力とは、他者へ敬意を持ち、他者を自分と同じくらい大切に考えているときにこそ、より効果が上がると知っておくこと。

本書では、本当の影響力というのは、他者を「通して」行使されるものであり、他者に「対して」行使されるものではないというポイントに何度も立ち戻ります。

つまり、影響力を持つということは、他者を巻き込んで自分の得たいものを獲得する、あるいは目標とするところまで連れて行ってもらうことですが、それが可能になるのは相手がそう望むからであり、相手を洗脳したり圧力をかけたりした結果ではないのです。

なかには、二つの原則のうち第二の原則だけを重視してしまう人がいます。これでは、他者に気を配る人間にはなれるかもしれませんが、自分の意見を主張することができなくなってしまいます。

一方で、第一の原則にしか関心を払わない人たち（こちらのほうが多いのはおわかりですね）は、決まりきったやり方で人の心を操ろうとします。これはただちに、さまざまなトラブルを引き起こします。後味の悪いパワーの使い方を目撃したり、体育の授業のチーム分けで最後まで選ばれなかったりした経験をお持ちの方は、彼らが第一の原則しか意識しない人だったということがわかるでしょう。

でも、両方の原則に基づいた実践的な知識を使いこなせば、あなたは必ず自分の望みをすべて、平和的に叶えることができるようになります。

最後に、「影響力は人生に必要なのか」という問題に触れて締めくくりましょう。

「小細工なんて必要ない、ありのままの自分自身でいたい」。そんな意見もあるでしょう。

けれど、それは誤解です。本書で言う「影響力」とは、何かを利用するということではなく、慎重に検討し、よく配慮された行動をとるという意味です。

あなたは誰かに出会うたび、さまざまな道徳的ルールを守ったり、場の空気を読みながら、人間関係を築いていています。その意味で、あなたはすでに影響力のパワーを使っているし、誰もがまた日々使っているのです。人間関係の原則に、もともと影響したり、されたりがあるのです。

たとえこうした心理ゲームの外にいようとしても、人間関係がある限り、引きずり込まれてしまうことになります。世間では、誰もが意識するしないにかかわらず影響力を使って生きていて、あなたが望むと望まざるとにかかわらず、自動的に巻き込まれてしまうのです。

でも、選択することはできます。**誰かから与えられた役割を受け入れるか、それとも自分自身の状況を自分でコントロールするか。**

忘れないでほしいのは、影響力を及ぼすテクニックは、ツールにすぎないということです。それを善いことに使うか、悪いことに使うかは、あなた次第です。世界を支配するという狂気の計画を立てて悪魔の笑みを浮かべるのも楽しいかもしれませんけれど、周囲が一緒に笑ってくれるような使い方のほうが、ずっと早く望みを叶えられるでしょう。

この本でテクニックを学ぶと、影響力とは、職場でも、学校でも、家庭でも、誰もが気分よく意思決定していけるように促す「潤滑油」のようなものなのだとわかります。

そして、もしも影響力に精通していれば、抑圧的に悪意ある目的でテクニックを使おうとしている人に気づいたとき、彼らの悪意ある行動を彼ら自身も気づかないうちに未然に防ぐこともできるはずです。

本書では、できるだけシンプルで明快にするため、影響力を及ぼすために役立つテクニックを60個ほどに厳選し、大きく四つのグループに分類しました。相手の心を〝ある状態〟に導く方法、周囲の思考に影響を与える言葉の使い方、周りの人があなたに手を貸したくなるような環境の作り方、そして誰かが邪魔しようとしてきたときの対処法です。これらは現実世界では並行して同時に起こりますが、ここでは扱いやすくするため四つに分類しました。

そしてまた、60個のテクニックをできるだけ現実的かつ実践的に、そして簡潔に解説しました。

最後に、もう一度、本書における「影響力」を定義します。

1　影響力の心理テクニックは、あなたに強力なパワーを与えるとともに、どんな状況でも他者に支配されないためのものです。

2　影響力の特徴とは、それを最大限に発揮すると、周囲の人があなたを勝たせようとしてくることです。あなたは、上司やライバルよりも、ずっと楽しく、争いのない平和な人生を送ることになるでしょう。

contents

第1章

影響力の仕組み
——人は、何秒で他人の発言を信用するのか

第2章

言葉の魔術

――どうしてあの人の思い通りに事が運ぶのか

第3章

権力のカラクリ
――応援されるリーダーはどこが違うのか

第4章

嫉妬と妬みの構造
――ライバルからの攻撃をかわす方法

第1章

影響力の仕組み

——人は、何秒で他人の発言を信用するのか

この本を読み終えて、自分が影響力を行使している様子を想像してみてほしい。そこでは周囲の人が何の疑いもなくあなたの思い通りに動いている。そこであなたは何をしているだろう？

多くの研究ですでに指摘されているように、「影響力」とは一種の科学である。生まれつき才能に恵まれていなくても、科学的な理論を学べば誰もが強力な影響力を身につけることができる。

この章では、さまざまな心の仕組みを活用するテクニックを学ぶ。たとえば、視覚や聴覚などの感覚はどうやって情報を拾うのか、ある種の行動に対して人はどう反応するのか、個人的な意見というものはどうやってできあがるのか。これらの仕組みを理解し影響を与えることができれば、その場で優位に立てるようになり、人間関係で悩むことはなくなる。

読み進めていくうちに、すでに知っていると思うようなテクニックも出てくるかもしれない。しかし、それは本書のテクニックが人間心理の基本に根ざしているという証明のようなものだ。だからこそ、過去にそのテクニックを使ったり見たりしたことがあったと気づくのである。本書を読み終えた後では、もっと自覚的に、そして効果的にテクニックを使うことができるようになるだろう。

これらのテクニックは、「真実を作る力」をあなたに授けるだろう。世間には、世界中の注目を集めたいという人たちがたくさんいる。みな自分のアイデアやプロジェクトが人よりも優れていると信じている。しかし、そんな大声の主張の中で一番大きな声を出そうとしても不毛だ。声を張り上げる競争相手たちは、みな自分こそが正しいと主張している(そうすれば周囲も賛同してくれると信じている)。

しかし大切なのは、気づかれぬうちに他人の意見に影響を与える方法だ。周囲があなたのメッセージを「真実」で、「意味のあるもの」だと考え、自主的に耳を傾け、応援したくなる、そんな人物になる方法を学ぶのだ。

これが、他人に影響を与える人物になる最初のステップだ。

「繰り返し聞いたこと」が真実になる

多くの人は認めたがらないだろうが、私たちはしばしば他人の考えに基づいて自分の意見を形成している。

すべてのことを自分で判断するのは時間がかかりすぎる。だから私たちは一つの指標として、「多数派の意見」や「普通の基準」のようなものを最善の意見なのだと信じるようになっている。同じように考えている人が多ければ多いほど、自分の意見を決めるのも簡単だ。多くの人がマカロンを好きなようであれば、試しに一つ食べてみたくなるし、それを好きだと信じるようになる。

しかし問題は、どのくらいの数の賛同者がいれば「多くの人」になるのかということだ。

じつは、私たちは一つの意見を何人から聞いたか、ほとんど覚えていない。代わりに、**「どれほど聞き慣れているか」を重要視する。**

もし自分の中に馴染んだ意見があるとしたら、おそらく何度も聞いたことがあるからだ。「何百万人の○○は絶対に間違えない」という表現がある。これは、１９２７年にヒットした曲のタイトル「５千万人のフランス人は間違えない（Fifty Million Frenchmen Can't Be Wrong）」をヒントに、さまざまな文脈で使われてきた表現だが、まさに多数派に流される過ちを揶揄《やゆ》するものである（もっと気の利いた言葉で言うなら、これは論理学で言うところの「衆人に訴える論証」というもので、大多数がそう思っているからというだけで物事を信じる誤謬《ごびゅう》の一種と定義されている）。

もちろん、多くの人が賛成だからというだけで、自分の頭で考えなくなってしまうのは賢明ではない。だが、みんなの意見に追従することも現実には間違った戦略とは言えない。というよりも、有益だったからこそ、今も無意識にその戦略が使われ続けているというのが本当のところだ。**結局は多数派の意見が正しいというのは事実なのだ。**多数派は外で雪が降っていれば暖かい洋服を着る。多数派は司法制度を維持する。もちろん、彼らもヒトラーに投票したり、官能小説『フィフティ・シェイズ・オブ・グレイ』を読んだりすることもあるが、たいていの場合は正しい選択をする。

問題は、専門的な話になったときだ。

いつも専門知識を持った人々の話だけに耳を傾けていれば問題ない。たとえば原子力について、原子物理学者たちやエネルギーの専門家の意見だけを聞くならば正しい選択ができる。

しかし気をつけなくてはいけないことに、私たちは意見の出どころを気にしない。ある特定の意見をしばしば耳にしていると、私たちはそれを多数派の意見だと思い込み、従うべきだと信じ、そして、その意見を言っているのは誰なのかという疑問を抱かなくなっていく。脳の無意識の領域においては、「このメッセージは聞き慣れている」という事実のほうが、「誰が話しているか」よりもはるかに重要なのである。

そこであなたの登場だ。ある意見を多数派の意見だと思わせることは、たった1人でもできる。そう、何度も繰り返せばいいのだ。

問題はどれだけ聞き慣れているかなのだから、**脳にとっては50人が1回ずつ同じことを言っても、1人が50回同じことを言っても変わらない。**

広告業界はいつも、「何度も語られた物事は真実になる」という原理に従っている。心理学の研究は最近になって、広告業界がいかに正しかったかを理解し始めている。

つまり、人に自分の思惑通りに行動してほしいときは、できるかぎり文章や口頭でメッセージを繰り返すべきなのだ。そうすれば、「その集団における標準的な意見」をあなた1人で築き上げることができる。

もちろん、ある程度洗練されたやり方をするには、語句に多少の変化をつける必要がある。壊れたレコードのように繰り返してはならない。

しかし、何度もあなたの意見を目にしたり耳にしたりしていれば、みんなは、まるであなたが大多数の意見を代弁しているかのように感じるようになる。その「大多数」とは、じつはあなただけだということに気づきもしない。あなたが主張しているのは「他のみんなも思っていること」や「他のみんながすでに行っていること」だと考える。そして、その意見に賛同して、同じような行動をとり始める。

さらに、反対する少数派も（たとえばマカロンは過大評価された砂糖菓子で、紙のような味がすると思っている人たちも）、自分たちが間違っているんじゃないかと思い始め、恥をかかないよう、反対意見を口にしなくなる。

これは、集団に新しい行動を起こさせたり、これまで行ってきた慣習を止めさせたりするために使える優れたテクニックだ。

もちろん、集団における「標準的意見」を作り上げるのは、1人の人間だけに影響を与えるのに比べて長期的なプロジェクトとなる。けれども、試す価値は十分にある（ロビー活動をしている人々に聞いてみればいい）。

ちなみに、効果が出てきたら、以後発言はひかえめにして目立たないようにしたほうがいい。

「信じやすい情報」にある四つの特徴

同じ内容の発言を繰り返し聞かせると、それは「真実」になる。というのも、私たちの脳は、繰り返し聞かされた情報を処理しやすいと感じるからだ。そして、**「わかりやすい情報」ほど、真実だと思いやすい。**脳は処理のラクな情報を好むのだ。

ただし、私はこのメソッドを、「ウソ」を「真実」に見せるために提案しているのではない。実際にそうできるとしても、だ。

もし、あなたが人を騙して安い二流品の靴を世界最高のスニーカーだと信じ込ませて売りつけたら、その人はもう二度とあなたから靴を買わないだろう。

しかし、すでに世の中にある優れた情報をアレンジして自分の広告に使うのは、とても効果的だ。あなたが本当に世界最高のスニーカーを売っているなら、これから紹介するテクニックを使ってメッセージを最大限に増幅することで、さらに売上げを伸ばせるだろう。

覚えやすい名前をつける

まず大切にすべきことは、どういう名前をつけるかだ。あなたがつけた名前や見出しはどれくらい耳に馴染みやすいだろうか？

独特で面白い名前をつけるのは楽しいかもしれないが、あまりにも変わった名前は信頼を損なう可能性がある。たとえば、言いにくい名前のサプリメントのほうが、言いやすい名前のサプリメントよりも早く廃《すた》れる。

これは、どちらの名前も初めて聞いた被験者（つまり先入観がない状態の被験者）を対象にした調査によって証明されている。

私たちは理解できるもののほうを信頼するし、未知のものには不安を感じる（世界中の多くの人が選挙でわかりやすい愛国主義の政党に投票してしまう理由の説明にもなる）。

だからこそ、誰も聞いたことがない新しいコンセプトを信頼できるものと感じさせるには、「覚えやすい名前」をつける必要がある。

ただし、あなたが冒険ツアーや、エキゾチックなテーマパークの新しい乗り物を紹介したい場合は、少し変わった名前をつけて非日常感を強調するほうがいい。そういう場面では、未知であるということはセールスポイントであり、むしろ強調すべきポイントだからだ。

もしあなたが旅行代理店で働いていて、顧客の冒険心をくすぐりたかったら、メキシコのジャングルへの旅に「ジャングルツアー」のようなありふれた名前をつけてはいけない。代わりに「テオティワカン遺跡への旅」といった名前をつけよう。

耳に心地好い音にする

ラジオのコマーシャルでよく使われているように、語呂を合わせることも真実らしく思わせるテクニックだ（これもまた、学問が解き明かすよりずっと前から、広告業界が使っていた一例だ）。心理学者や記憶の専門家たちによると、新しい情報は、すでに頭の中にできあがっている思考プロセスと結びつくことで記憶に定着しやすくなる。

また、音楽やメロディにも同じ効果がある。古くから広告業界では「何も言うべきことがなければ、歌にして語れ」と言われてきたものだ。

しかし、ここで言いたいのは、**「覚えやすい言葉」は記憶を助けるだけでなく、「信じやすくなる」ということなのだ。**理由は単純。語呂がよかったりメロディがあったりすると、情報の処理が簡単になるからだ。

ちなみにある実験によれば、「語呂がよければ真実味が増す」という意見には同意しない人でも、語呂がいいフレーズ（What sobriety conceals, alcohol reveals. しらふのときの隠し事も、飲めばばれてしまう）のほうが、語呂がいいとは言えないフレーズ（What sobriety conceals, alcohol unmasks.）よりも真実らしく聞こえると評価している。意味はまったく一緒にもかかわらずである。

無用な飾りを捨て、読みやすくする

メッセージを絵や文章で伝えないといけない場合はどうだろう。この場合、年に一度の株主総会の概要にも、学校のカフェテリアの掲示板に載せるポスターにも、使えるテクニックがある。それがビジュアルプレゼンテーションだ。

あなたの作ったものは読みやすいだろうか？　背景とのコントラストを考えて、シンプルな書体を使っているだろうか？

当たり前のことに思えるかもしれないが、実際には多くの人がいろんな装飾機能を使ってしまうという過ちを犯している。文字をレインボーカラーにしたり、複雑なフォントを使ってみたり、見出しの文字をツイストさせたり……そうした誘惑にかられて**見た目を派手にすればするほど、真剣に受け取ってもらう可能性を損ねることになる。**

一番見やすいデザインは、黄色の背景に黒の文字だと言われている。これは、軍事施設や発電所や道路の標識など、公的な機関からの警告に使用されている。この色の組み合わせが、問答無用で従うべき看板に使用されているのは、しかるべき理由があってのことだ。

相手自身に考えさせない

セールスで用いられる心理学では、「製品を買う理由は顧客に考えさせるべきだ」とよく言われる。その理論によれば、セールスマンの意見よりも顧客自身が考えた意見のほうが、はるかに説得力があるという訳だ。

セールスマンは、力ずくで説得するのではなく、こちらが売りたいと思っている台所用品やITサービスの優れているポイントをたくさん見せて、あたかも顧客自身が競合他社よりもいい製品だと「自分で」考えたように思わせるのが賢い戦略なのだという。顧客自身がたくさん購入理由を思いつけば思いつくほど、顧客はより説得されることになる。

しかし、実際のところ、この作戦は「わかりやすい情報」という原則に反している。

そもそも製品の利点について考えるのは面倒くさい。つまり実際は、**ある製品の優れている点を10個考えろと言われるのは苦行なのだ。**この心理を逆転して活用すれば、もっと簡単に説得できる。

これからは、顧客や恋人候補の相手に、「『私』ではなく『ライバル』を選ぶ理由を10個教えてほしい」と聞こう。

相手はそれだけ多くの理由を挙げるのに苦労するはずだ。すると相手はこう考える。「10個の理由も挙げられないってことは、思ってたほどよくないのかもしれない」

こうして、彼らは「あなたのライバル」のことを、以前ほど魅力的に感じなくなる。その後で、あなたは自社製品や自分が優れていることを示せばいい。あなたを選んだほうがいい明確な理由を10個、こちらから提示するのだ。

選択肢が少ないほうが売れるワケ

「選択肢は多ければ多いほどいい」私たちはそう思っている。パソコンメーカーも、映画観賞向けのパソコン、仕事向けのパソコン、自宅向けのパソコン、ゲームおたく用のパソコンなどの選択肢を提供して、ありとあらゆる市場を独占しようとしている（おまけにそれぞれのモデルに、スクリーンと容量が違う五つのバージョンを作ったりする）。

プロジェクトで売り込みをかけるときも、さまざまな提案を用意して相手が言いそうなことの先手を打とうとする。厳しい予算、厳しい納期、すべてがうまくいくにはどうするか。

実現可能な選択肢をたくさん用意すると、相手はあなたが特定の選択をするよう誘導しているとは感じない。彼らは自分が一番欲しいものを自由に選ぶことができる。多くの選択肢を提供するということは、相手に敬意を払ってその気にさせ、決断に到達させやすくする方法である。少なくとも、一般的な理論はこうなっている。

しかし、**実際は選択肢が多すぎると戸惑ってしまうし、決断すること自体を諦めてしまう危険性がある**。これを証明したのが歯磨き粉やスキンケア製品を作るP&Gである。

かつてP&Gは、「ヘッド＆ショルダーズ」というシャンプーを26種類も（！）販売し、思いつく限りの髪質に対応してシャンプーを提供していた。だが、売れ行きがよくない。そこで11種類を廃止し、15種類に絞ったところ、売上が突然10パーセントも伸びた。選択肢を減らして、以前よりも選びやすくしたのである。

研究でも似たようなことが示されている。店頭に24種類のジャムがあるときには、3パーセントの顧客しか購入しなかった。だがジャムを6種類に絞ると、30パーセントの顧客が購入したのである。

私たちは、あらゆる状況に対応できるとアピールしたいあまり、選択肢を増やし過ぎてしまう傾向にある。子どもたちが土曜の朝に、どのゲームをしようか決められないでいるのを目にしたことはないだろうか？

「プレイステーションのソフトが100本あるし、ニンテンドーもソフトがたくさんある

……どれにしよう？」

私たちは、選択肢を多く提供すると、自分がプロフェッショナルで賢くなったような気分になりがちだ。しかし、じつは、**ひとつ選択肢を増やすごとに選ばれるチャンスを減らしてしまっている。**あなたがすべきなのは、先ほどのジャムの事例と同じように選択肢を絞ってやることなのだ。

選択肢を少なくする大胆さを持てば、優柔不断な顧客はあなたについてくる。

三択にすると必ず決まる？

「選択肢を減らすことでYESに導く」というテクニックは、「選択肢を与えるな」という意味ではない。ポイントは、適正な選択肢の数である。

世の中には私たちが「マキシマイザー」と呼ぶ人たちがいる。常にベストを求めている人たちのことだ。マキシマイザーは何を見ても「これで十分」とは考えない。常に「最高」を要求する。そうした人に多すぎる選択肢を与えると、意思決定能力がショートしてしまうのだ。

そもそも、選択肢をいくつか用意して、その利点と難点を説明すると、話が複雑になりやすい。「別の案もありますが、時間がかかってしまいますし、仕様に沿って作ることもできますが、価格が上がってしまいますし、それでしたら反対に別の方法で短期間に集中することも……」

そんな状況のときは、聞き手の表情を観察するといい。ある提案のときは笑顔になり、別の提案のときは眉が少し上がる。これは懸念を表す典型的な反応だ。こうした反応に注意を払うことで、どの提案を推すべきか、どの提案はこれ以上話してもムダなのかを知ることができる。

もし、すべての提案に対して微かでも拒絶の感情表現が見られたら、この状況を打開する最善の方法は次のように質問することだ。

「このように、いくつか選択肢がある点について、どう思いますか？」

選択肢が多くて感謝していると言われるか、この半分で十分だと言われるか――相手が、何をすべきか教えてくれる。

その後の話し合いでは、先方の返答に合わせていけばいい。**ここでの目標は、あなたが「思いやりのある人」だと思わせることであり、相手に情報を浴びせかけてうんざりさせることではないのだ。**

だが、先程の質問をしたくない場合はどうしたらいいだろう？

もしくは、本当にすべての選択肢を検討してほしくて、削りたくないとしたら？

こうしたときには、決して相手に察知されずにいつでも使える戦略がある。

それは、**一度にすべての選択肢を提示しないこと。**

九つの選択肢を提示するときも、一度に提示するのではなく、まずは三つ提示して、その中から好きなものを選ばせる。

それから次の三つを提示して、また最善のひとつを選ばせる。

そして、残りの三つを提示して、もう一度最善のひとつを選ばせる。

最後に、彼らが選んだ三つをもう一度並べて、選んだ三つの中から一番を決めてもらう。

こうすれば、合わせて九つの選択肢があったとしても、相手はいつも三つの中から選べばいいだけだ。

この提案法は大量の情報を提示しなければならないときに、とても有効な方法だ。相手を混乱させないだけでなく、提示したい選択肢も情報も削らなくてすむ。

ライバルが優れているほど、自分も売り込みやすくなる

さて、これまで説明してきた「何度も繰り返すことで、親しみやすくすること（言いやすさや、語呂や、わかりやすさで）」「選択肢を少なくして真実に思わせる」というやり方が使えなくなるシチュエーションが存在する――それは、ライバルが先にこのテクニックを使ってしまったときだ。何かを信じ込んだ人の考えを覆すのは、至難の業《わざ》だ。

センセーショナルなニュースを聞いた数日後に、そのニュースに訂正があったときのことを思い出してみてほしい。**訂正のニュースが最初のニュース以上に注目を集めることは決してない。**二度目の情報は、センセーショナルにはなりえないのだ。

これは最初のニュースが新聞や友人たちとの会話の中で何度も繰り返され、有利なスタートを切っているからだ。脳がこのように繰り返されたメッセージをすっかり忘れるのは、なかなか難しい。

俳優のモーガン・フリーマンが死んだという噂が良い例だ。このニュースは2012年の秋にインターネットを通して山火事のように広がった。噂はすぐに家族によって否定され、架空のニュースサイトによるガセネタだと明らかになった。ところが、否定されてからずいぶんたっても噂は収束せず、スウェーデンのメディアが彼の死を報じたことさえあった。

こうした不利なスタートでよく使われる手法に、最初のニュースの間違いを、ひとつひとつ反論していくという方法がある。根拠を厳密につぶして、自分がいかに正しいかを証明しようとするものだ。この手法は新聞の社説などでよく使われるが、残念ながらこれは労力のムダ遣いというものだ。多くの受けとり手は、最初に植え付けられたメッセージは覚えていても、細かいところはほとんど記憶していない。

そのため、こうしたときには、先にやられたのとまったく同じテクニックを使うといい。

「先行者とまったく同じやり方」で考え方を上書きするのである。

まったく同じキャンペーンの書体を使い、似たような写真を使い、向こうがCMに使ったのと同じ曲をBGMとして使う。相手と同じチャンネルで広告をし、相手が行うキャンペーン、協賛と同じことをする。

要するに、できる限り人々に先行者のことを思い出させながら、同じ行動をとるのだ。こうすると、最初の製品と新しい製品につながりが生まれ、連想されるようになる。

「風刺」とは、相手のことをパロディ化することで、自らのメッセージを表現することをいう。企業のロゴを書き換えたり、看板広告のコピーをアレンジする。たとえば、シェルの貝殻型のロゴが頭蓋骨に描き換えられたり、FOX News ネットワークの宣伝文句「We report. You decide.（私たちは報じる。あなたたちは決断する）」が「We deceive. You Believe.（私たちは騙す。あなたたちは信じる）」に書き換えられたりする。

こうした広告を作った人は、テクニックについては自覚的ではなかったかもしれないが、じつは多くの人々に訴求する最適な方法を選択していたのだ。

ライバルの製品や広告コピーに似せてあなたのメッセージを作ると、受け手はあなたのメッセージを受け取りながら、オリジナルのメッセージも連想する。やがては、元々のメッセージを目にするたびに、あなたのメッセージを思い出すようになる。

つまり、**ライバルがメッセージを拡散するたびに、あなたのメッセージをも拡散することになるのだ**（連想が繰り返されるたびに受け手の記憶はますます強化されていく）。

政治的メッセージであろうが、事実の主張であろうが、製品の販売であろうが、このメソッドは、よく調査がいきとどき、注意深く計画されている他社のキャンペーンに乗っかると、より効果的だ。相手がそれだけ労力を注いで作った下地を、そっくりそのまま利用することができるのだ。

「弱み」を見せたほうが信頼される

すべての物事にはプラスの面とマイナスの面がある。売ろうとしているプリンターに欠陥があったり、残業を嫌う人に長時間労働を強いるようなプロジェクトがあったり、入れ過ぎたら食べられないほど辛くなってしまうチリソースが存在することもある。

そういう場合の、昔ながらの的外れな努力といえばこうだ。

「さあ、残業だけど、やり切ったらきっとすごいものができるぞ！」（ネガティブな側面を些細なものにする）

「残業？　大したことじゃないさ」（雨が降った程度のことだと言い張る）

「たしかに残業はある。もし問題なら、転職を考えたらどうだい？」（偉そうに振る舞う）

こうした言動は周囲の人を不快にさせ、嫌われてしまうだけだ。この場合は、相手がネガティブな面に気づく前に、あなたのほうからネガティブな要素を認め、スマートに振る舞ったほうがいい。

「このプリンターはすごく小さいんです、極小と言ってもいい。だから、じつのところ、インクはそんなに入りません」

「このプロジェクトは、ある程度の残業が必要になることが予測されます」

「このチリソースはとても辛いですから、かけるならほんの少しでいいですよ」

私たちは「ネガティブな可能性を自ら認める人」に、より信頼を置く――特に自分が詳しくないものの場合はそうだ。

どんな立場であれ、人間関係においては、「信頼を獲得すること」がなによりも重要である。欠点を隠さないようにすることで信頼を勝ち取れたら、自分の提案するプロジェクトや製品がいかに優れているか、別の側面からぐっと説得しやすくなる。

この法則は企業の評判といった広範なレベルと、個人的な評価のどちらにも適用できる。ビジネスで信頼を勝ち取りたければ、ロレアルがキャッチフレーズで行ったこと、つまり製品の弱みを先んじて明かすのがいい。彼らの有名なフレーズ「あなたにはその価値があるから」は、じつのところ元々の宣伝文句「私たちの製品は高い、けれどもあなたにはその価値がある」を言い換えたものなのだ。

求人に応募する際、履歴書に自分の強みばかりを書き連ねると、勇気を持って自分の弱みを明かしたときよりも落ちやすくなる。ただし注意してほしいのは、弱みといっても決定的なものを明かしてはいけないということだ。長所が弱みを補ってあまりある場合に限り、このやり方は有効になる。

そのため、弱みを見せるときには同時に自分の（または売りたい製品の）長所を説明し、相手の心をつかむといい。**弱みを見せながら長所を説明すると、結果として弱みが気にならなくなり、正直で信頼の置ける人だと感じさせることができる。**

たとえば1914年、ヘンリー・フォードは「黒」のT型フォードしか売らないことに決めた。それまでは黒以外の4色のタイプを売っていたのに、だ。グリーンやグレーの車を買いたかった人はひどく落胆しただろうが、ヘンリーは黒の塗料のほうが安いため、製品の価格を下げることができ、それでいて今までの塗料よりも質が高くなると説明した。

もしあなたの売るプリンターの欠点が、他社製品に比べインクが半分しか入らないというものだったとしても、このプリンターは、インクをこれまでの製品の10分の1しか使わないと言うことで反論ができる。

今月は残業が20時間になるというネガティブな情報があるとしたら、あなたは部下に、プロジェクトが完了すると、四半期の残りの期間における何百時間もの余分な作業を省くことができると伝えればいい。

履歴書から「細かくて神経質なタイプ」だと思われそうだとしたら、それは、自分には他の人が見落としている可能性に気づく能力がある、と伝えてフォローしよう。

かつてのウィンドウズの決まり文句と同じだ。

これは「バグ」ではなく「仕様」です。

人の行動は六つの「基本的欲求」で決まる

人のあらゆる行動は人間の基本的欲求によって動機づけられている。

それらの欲求のうち、もっとも強力なのが**「安心感」「権力」「社会的帰属意識」「社会的受容」「性」**そして**「コントロール欲求」**だ。

誰かを説得したいときは、提案が相手の基本的欲求を一つ以上満たすものだと説明するとうまくいく。すべてを満たす必要はないが、より多くの欲求を満たせれば、それだけ説得力も増す。

ただし、私たちはみな同じような基本的欲求を持っているが、それぞれの性格によって、欲求を満たす「方法」は違う。だから、先に相手のタイプを理解する必要がある。

大切なのは、「どのように」相手の欲求を満たすか、なのである。自分の方法に固執していると、相手の欲求を満たしているにもかかわらず、嫌悪感を持たれて説得することができなくなる可能性もある。

もっとも古典的な交渉を例に用いて、それぞれの基本的欲求についてのアプローチ法を紹介しよう。

安心感を揺さぶる

私たちはいつも「臆病」と「大胆」との間にいる。

臆病な人は自分のことをシャイで警戒心が強い人物であり、注意深く、賢く、慎重で隙がない人物だと考えている。

大胆な人は、自身のことを怖いもの知らずで、肝が据わっていて、冒険好きで、勇ましく、1人でやっていけると感じている。

だからまずは、あなたの提案するものを相手が断った場合のリスクを伝えるのがいい。

安心感を揺さぶるのだ。

「この車を買わなかった場合、安全上のリスクが高まりますよ。トヨタのプリウスのブレーキはどれくらいの耐用年数があると思いますか？」

次に、あなたの製品がその問題をどのように解決するのか、相手の性格を考慮に入れつつ説明しよう。相手が臆病で、警戒心の強い人ならこうだ。

「こういうものは用心するに越したことはありません。今、乗り換えたほうが賢明です。車が急に使えなくなって決断を急がなければならない事態に陥る前に」

反対に、大胆な人の場合は、恐れ知らずな側面をくすぐるのがいい。

「もし今乗り換えれば、これまでのように車の性能を気にしないでどこにでも行けるようになりますよ。明日にもイタリアのアルプス山脈でドライブができますし、さまざまな冒険を楽しむことができます」

立場や権力で操る

子どもに言うことを聞いてほしい。隣人に態度を改めてほしい。上司に贔屓《ひいき》されたい。これらはすべて、権力が欲しいとか、他人に影響を及ぼしたいという願望である。そうした場合は、まずは相手の権力にまつわる欲求を満たすのがいい。権力と一口にいっても、「リードしたい」から「ついて行きたい」まで人によって願望の幅がある。

「リードしたい」と考えるリーダー気質の人は、自分のことを積極的で、やる気があり、大志を抱き、影響力を持ち、勤勉で、支配力を持ち、気力に満ちた人物だと考えている。

「ついていきたい」と考えるタイプは、自分のことを謙虚で、多くを求めず、物わかりがよく、適応力があり、大それたことは考えず、他人への配慮に満ちた人物だと考えている。顧客がどちらであれ、あなたの製品が相手の権力にまつわる欲求にどのように役立つか説明すればいい。

リーダーを相手にしている場合は、「このモデルは高価ですが、それは懸命に働いた人だけが運転できるということです。他のドライバーたちの反応からもわかるでしょう。敬意を払い、道を譲ることさえあるみたいですよ」とリーダー気質を刺激するといい。

自身の決断よりも他人からの承認に重きを置く人には、こう言おう。「あなたが決断したなら、奥さんと娘さんのどちらがより喜ぶと思いますか？」

社会的帰属意識で操る

程度の差はあれど、私たちはみな「社交的（外交的）」と「内向的」の間に位置している。社交的な人は自分のことを思いやりがあり、親しみやすく、友好的で、ユーモアがあり、生き生きとした人物だと考えている。一人でいることを好む内向的な人は、自分のことを私的で、秘密主義で、真面目で、少し物憂げかもしれないと考えている。

車の購入を考えている人が社交的な場合、相手に合わせてこう言えばいい。

「いろんな人に対応できる車っていいと思いませんか？　この車なら、あらゆるタイプの友だちみんなを連れ出せるのです！」

社交的な人々はよく他人のために行動する。自分のためだと気が進まなくても、家族がその車を必要としているかもしれないと思えば、財布の紐もゆるむ。

一匹狼気質の人には、欲求を満たす方法を別の角度から説明しよう。

「この車があれば、簡単に一人の時間を持つことができます。ギアもたくさんあるため、キャンプや山小屋へも難なく行けるでしょう」

社会的受容で操る

これは「社会的帰属意識」と密接に関連している。何をしようが周囲の人から受け入れられていると感じる人もいれば、悪目立ちしないよう慎重に気を遣って集団に馴染もうとする人もいる。

集団に溶け込みたいと思っている人は、自分のことを臆病で、自尊心が低く、押しが弱く、流れに追随する者だと感じている。

すでに集団に溶け込んでいると思っている人は自分のことを押しが強く、自信に満ち、大胆で、尻込みするタイプの人間ではないと感じる傾向にある。

周囲の人に合わせて集団に溶け込もうとするタイプの人々には、こう言おう。

「これがもっとも人気のある車種です。みなさん購入していますよ」

すでに集団に溶け込んでいると思っている人の場合は、受容への欲求は満たされているから、この手は使えない。別の欲求を満たす必要がある。

性的ニュアンスで操る

性とは、厳密に言い換えれば、生殖であり、人類を存続させるため遺伝子に組み込まれた衝動のことだ。性はもっとも深い欲求で、あらゆる欲求に影響を与えている。私の親しい友人がこう表現したことがある。「人間のあらゆる活動――すべての絵画、すべての建物、すべての政治活動、それらはかつて、ひとえに誰かと寝るために為されたものだった。私たちはどこかの時点でそのことを見失ってしまったようだ」……私は彼が正しいと思う。

生殖という観点で言えば、快楽を追い求める人から禁欲的な人までいる。快楽を追い求める人は自分のことを浮気性で、ロマンチックで、貪欲で、感覚的で、健全な性欲を持ち合わせた者だと感じている。

一方で、禁欲的な人は自分のことを保守的で、貞淑で、崇高で、知的で、自制心がある者だと感じている（これを性的に抑圧された状態と呼びたがる人もいる。だが、ここでフロイトを持ち出す必要はない）。

宗教や政治的リーダーが、人民を統制するもっとも効果的な方法は、セックスをする手段や機会を規制することだと気づいて以来、私たちの文化は数千年をかけて性への欲求を抑え込んできた。性への欲求は、こうした汚名を着せられたことで、他の基本的欲求と違って隠さなければならないものになったのだ。

だが実際は、性は生活のあらゆるものに内包されている。男にしろ女にしろ、誰しもが魅力的でありたい、ロマンスを感じたいと願っている。だからあなたは**セックスや子作りについて直接言及せずに、「性的なニュアンス」をプラスすればいい。**

快楽を追い求めるタイプの人には、こう言おう。

「この車を持てば、やりたいことが何でもできます。どこに行こうと、どれくらいの頻度で行こうと、誰と行こうと、誰からも邪魔されることはありません」

家族志向のタイプの人には、こう言おう。

「車をしょっちゅう買い替えるのにうんざりしているなら、これはもってこいの車です。今後、家族が増えても、スペースはたっぷりあります」

コントロール欲求で操る

コントロールへの欲求はとても根が深いもので、じつに性への欲求よりも強いことがある。この欲求には種類はない。相手が状況をコントロールできていると感じれば感じるほど、あなたにとっての状況は有利になる。

コントロールするとは「自分についての権力」と同じことだ。「自分の生活を管理できている」と感じれば感じるほど、精神的にも肉体的にも生活の満足度は高まる。反対に、自分の身に起こることをコントロールできていないと感じると、生活の満足度は下がり、深い憂鬱に陥ってしまう。

職場であれ私生活であれ、失ったコントロール力を取り戻したり、違う手段でコントロール力を得たりする方法を提示できれば、相手は喜んでどんなことでも受け入れる。車は特にこの欲求を表現するのに最適である。

「考えてみてください。車があれば、友人を訪ねるときも、電車のことを気にする必要がありません。地下鉄が動かないからといって、仕事に遅れることもありません。週末にオスロへ出かけたい？　問題ありません。すべてはご自身の都合次第なんです」

実生活において、私たちはこれらの欲求の間を揺れ動いている。そのときの状況や、精神状態によって偏っているため、どちらかに安定することはない。相手の性格から欲求の傾向を見出すことはできるが（たとえばキャリア志向が強い人は、権力への志向を完全に失うことはない）、時と場合によって振る舞いを調節する必要がある。

職場では強い権力志向の人も、地元の切手収集クラブではリラックスしているかもしれない。いつもはかなり社交的な人も、風邪を引いたら内向的になるかもしれない。あらゆる欲求の間を人々が揺れ動いているとしても、あなたがそれを注意して見ていさえすれば問題ではない。

それから、相手の基本的欲求に意識を集中するとき、相手自身さえ気づいていない「隠れた欲望」を満たそうとしているということを覚えておいてほしい。もしそれを満たすことができれば、相手との関係は非常に親密になり、あなたの提案やあなた自身が、とても魅力的なものにうつるのだ。

自分で自分を騙すとき

人は、新しい考えを受け入れることが得意ではない。もとからある考え方を補足するほうが、新しい考え方を受け入れるよりずっと簡単だからだ。そして、**人は自分の意見を口にするたび、ますます強固に信じ込むようになる。**それ故に、誰かの心を動かしたいときは、「相手がもともと持っている意見」に注意したほうがいい。

あなたの焼くケーキは世界一おいしい、と隣人が思い始めているとしよう。その考えをより強固なものにしたいのであれば、できるだけたくさんの人に向けて、そのケーキのおいしさを語ってもらうといい。インスタグラムに投稿してくれればさらにいい。

ご存じのように、公の場に自分の意見を公開することによって、我々は、ますます自分の意見に説得されていく。これは、最初から考え抜かれたものでなくても、同じ結果になることがわかっている。一度その意見が書かれ、シェアされると、意見を引っ込めるのに多大な労力がかかる。それはつまり、キーボードや、ペンや紙や、文字などは、あまり乗り気でない相手をその気にさせるのに最適なツールだということだ。

これは、あなたを良い人と思わせるためにも、共産主義を偉大だと思わせるためにも使える（信じられないかもしれないが、これとまったく同じテクニックが歴史上でも使われている。朝鮮戦争時、中国の役人たちはアメリカの戦争捕虜たちに共産主義の教義を読み書きさせ、資本主義を批判し、良き急進的共産主義者になることを宣言させた。これにより多くの者が実際に思想を変化させ、熱心な共産主義者としてアメリカに送り返された。しかし中国側は、同じことがアメリカ社会内でも行われることを計算に入れておらず、多くの兵士たちは母国に帰ってからすぐに幸福な資本主義者へと後戻りした）。

相手がもとの意見を自ら強化していけば、反対者が出たところで意見を変えるはずもない。それどころか、反対意見を唱える者は物事を考えられない愚か者だと捉えるはずだ。

だが、相手の意見を強化したくない場合はどうだろう？　隣人があなたのケーキをまずいと思っている場合には、相手の意見を変えたいはずだ。

そんなときは、その意見を誰にも伝えさせてはいけない。あなたもケーキについて、その人になにかたずねてはいけない。相手は意見を口に出すたび、さらに自分の意見（あなたのケーキがおいしくないこと）を信じてしまうことになる。**相手が意見を口にする機会を減**

らせば減らすほど、相手の意見を操作できる可能性は高まる。

まだ口にしていない脆《もろ》い意見を退け、代わりに大多数の意見に賛同しやすくなるのだ。

あなたは、繰り返し逆の意見を聞かせ、それを大多数の人が信じていると説明し、自然に信じてくれるまで待てばいい。

気が散る環境にいると、人の意見に流されやすくなる

スポーツ好きの人と一緒に暮らしている人なら、誰もがこのテクニックをうまく活用しているのではないだろうか。

スポーツ好きは、テレビで中継が始まるとまったく耳を貸さなくなる。この現象は、ホームチームのユニフォームの色を愛するよりもっと強烈だ。これは脳内のリソース配分の問題で、脳は一度にたくさんのことを考えることができないのだ。だから、パートナーの意見を変えたいとき、他の感覚を刺激して気を散らすのはいい戦略だ。

テレビを見ている相手のほうが、ちゃんと話を聞いている相手よりはるかに説得しやすい。たとえテレビの音声がミュートになっていたとしても、だ。

テレビがついているとき、相手の脳はあなたの言うことを聞くだけでなく、視覚情報の処理にリソースを割かなければならない。その結果、テレビをつけていないときにはでき

たであろう反論に、脳のリソースを割くことができなくなる。電話をしながらネットで買い物をすると、不必要なものまで買ってしまうのは同様の現象である。

これは幾度となく証明されている事実だ。**気が散った状態（つまり、脳がいくつかのことを同時に行っている状態）では、ひとつのことに集中しているときよりも、外部からの影響を受けたり、意見を変えたりしがちなのだ。**

相手の気を散らすのは難しいことではない。会社でパワーポイントを使ってプレゼンをするとき、ファッションモデルを隣に立たせてみよう。あなたのプレゼンは大成功するはずだ。

しかし、気を散らせばなんでも解決するわけではない。あまりにも気が散ると——たとえばモデルが水着の場合だと、まったく話を聞いてくれなくなる危険性がある。同意も反論も得られなくなるかもしれない。

そのため、気を散らすものは、読書中にテレビをつけたり、電話を鳴らすよりもっと些細なものでいい。実際は、予想外の言葉を使うだけでも十分な効果がある。予想外の言葉を聞くと、脳は急停止して、こう考える。待てよ、今のは何だ？

例を挙げよう。価格について交渉しているとする。こうした類いの交渉には大まかな決まりがある。たいていの場合、この種の交渉には「ドル」という単位が使われる。そこでもし、突然9万セントで売ろうと言ったら、相手の脳は一瞬停止するだろう（90ドルと言うと予想していたからだ）。停止しているあいだに、相手の購買意欲を望んだ方向に仕向けることができる。たとえば、こう言えばいいだろう。「バーゲンですよ！」。実際に、クリスマスカードの価格をドルではなくセントで表記すると、販売数が倍になったという研究結果が出ている。

ただし、注意を逸らすだけでは不十分であることを覚えておこう。それは、相手の思考に影響を与えるきっかけにすぎない。そこに、正当な説得材料（いかに製品が安いか、いかに優れているか、あるいは他の人がどれほど欲しがっているか）を伝えることによって、意見を変えるということを忘れてはいけない。

クリスマスカードの調査でも、セントで表記するだけでは足りず、「バーゲンですよ！」と宣伝して初めて売上が伸びたのだ（ただし、いくらカードが安いと宣伝したところで、ドルで表記していたときは、何の効果もなかった）。

カップケーキの販売員は、製品を「ハーフケーキ」と呼ぶことで顧客の気を散らし、そこに「おいしいですよ！」という言葉でフォローし、飛躍的に売上げを伸ばした。

予想外の言葉を使うというやり方でもいいし、もっとあからさまに、相手がゲームに熱中しているときに旅行計画を相談してもいい。いずれにせよ、気を散らすことは、相手に意見を受け入れやすくさせるのに、非常に役立つ。

セルフイメージは「誰かからの評価」で変わる

認めたくないだろうが、人はみなセルフイメージの大部分を周囲の人の意見によって形成している。

もっとも有名な例は、学校で行われた実験である。「他の生徒たちより頭がいい」と言われたクラスの生徒たちは、すぐに試験の成績がよくなった、というものだ。

つまり、すでに希望する状態であるかのように接するだけで、誰の性格でも変えられるようになるのだ。このテクニックを使えば、相手は期待通りの行動をするようになる。

たとえば、自分のチームに入ってもらいたい。最初のデートで服を脱いでもらいたい。あるいは単に、月曜の会議で自分の提案をもう一度検討してもらいたい。なんにでも使える。

まず最初に、相手がどのような性格か、どんな価値観や意見を持っているかを見極めよう。そして、自分の提案は、相手が大切にしている価値観と合っていると説明するといい。

人は自分自身のことはよくわかっていると思いがちだが、**実際には自分のことをよくわかっている人などいない。**あなたが企業に属しているなら、影響を与えたい同僚の性格テストを行ってみればいい。そして、複雑な数値を用いながら、テストの結果によれば、あなたはスタンダードで信頼できる解決策を好む保守的な性格だと伝えよう（だから自分の意見と合うはずだと）。

少し難しいプロジェクトに賛同させたい場合は、リスクを愛する冒険好きなタイプだと伝えよう。難しいプロジェクトに情熱をもって応援してくれるはずだ。自信を持って伝えれば、相手はあなたの言うことに何の疑いも持たないだろう。

とはいえ、性格テストの偽造までする必要はない。相手の行動について、植え付けたいイメージのコメントをするだけで十分だ。「新しいアイスの味を選んだんですか？　すごくあなたらしいですね、いつも新しいものを試すなんて」「あなたはいつもちょっとした冒険をしますね」「リスクをとるのはあなたらしいですね」

自分はいつもリスクをとりながら行動すると聞かされ続けた相手は、自分をそのように見なすようになっていく。かなり危険な選択を迫った場合も受け入れてもらいやすくなる。

リスクをとるのではなく、別の性格になってもらいたい場合は、そうした性格に見合った行動に注意を払っておくといい。思いやりのある人になってもらいたい場合は、こう言おう。「私にも買ってくれるんですか？　あなたは知り合いの中でも指折りの思いやりのある人ですね」

戦略的な思考を持つ人になってもらいたいならば、こう言おう。「いい考えですね。このアイスを食べて暑さをしのぐのは。あなたは先の計画が立てられる人です」。もちろん、望んでいる性格にそぐわない行動を相手がした場合は、無視すればいい。

こうした変化を起こさせるのに、労力はそれほどかからない。気のある女性をものにする秘訣は、彼女にこれまでの経験を聞きながら「冒険好きだ」と思わせることである。それから、どれほど冒険好きか見せてほしいと言って、彼女の潜在的なスリルへの志向をくすぐるのだ。この方法は、バーでたくさん酒をおごるよりも、安くかつ早く効果が出る。

それはそうと、良い行いに話を戻そう。あなたはこのテクニックを使って、このプロジェクトは手に負えないと思い始めた同僚の自信を回復することができる。同僚に「僕は君が簡単に諦めるような人ではないと知っている」と伝え、成功した昔のプロジェクトを持ち出して、それを「証明する」。もちろん、誰もが歯を食いしばって最後までやり通した経験があるはず。同僚にそうした経験を思い出させることによって、新たなセルフイメージを植え付け、目標を達成する手助けをするのだ。

このテクニックはあらゆる状況で役に立つ。「字を書くのを頑張っているね」と言われた子どもは、すぐに上達し始めるだろう。

それにあなたが大きなプロジェクトを立ち上げたときは、同僚たちに向けて、「このような挑戦のときこそ大いに創造性を発揮してくれることを知っている」と伝え、過去の例を挙げよう。そうすれば、同僚たちは非現実的な目標だと不満を漏らすことなく、プロジェクトへ熱心に力を注いでくれるようになるはずだ。

面倒な仕事でも着手せざるを得なくなる依頼法

当然のことだが、一度こちらの思惑通りに行動させたくらいで満足する人はいないだろう。相手が「継続して」行動することが重要であり、こちらが背を向けた瞬間に忘れられるようでは意味がない。

いくら「正しい行動」だと説得していても、相手が行動をやめてしまう要因はさまざまにある。しかし幸いなことに、相手を遠隔で操作し、こちらが敷いた道を歩ませ続けるためのきわめて確実なテクニックがある。

何かを「始める」よう説得する代わりに、プロジェクトはもうすでに始まっていて、**まだ終わらせていないだけ**なのだ、と言うのだ。

すでに始めている物事を終わらせるほうが、新しい物事を始めるよりもずっと簡単だ。脳はここでも、よりエネルギーを使わない選択肢を好む。つまり、**提案に「NO」と言わ**

れる可能性は、物事を始める前に依頼したときが一番高い。

しかしながら、いったん始めてしまったことの誤りを認め、やめるのは難しい。

たとえばどこかのコーヒーショップが配っている「スタンプ10個で1杯無料」のカード。こうしたカードは少なくともスタンプが1個押された状態で渡される。これこそテクニックだ。すでに始まっているスタンプカードをもらうと、カフェに再び足を運んでスタンプを追加しようとする可能性がぐっと高まる。すでに始まっているプロジェクトを継続するほうが、新しい何かを始めるよりもラクなのだ。実際には始まっていなくても、事態が進行中であることを感じさせるだけで十分なのである。

そしてゴールに近づきつつあることを示せるとなおいい。

ゴールに近づいていると感じると、達成への意欲が高まる。どれほど労力を要するかはまったく関係ない。あまりに多大な労力を要する場合は、相手がその作業の大半をすでに終えていると伝えるといいだろう。ほとんどの作業は終わっている。残りは、ほんの少しだけだと。

この戦略は、「まったく新しいこと」を始めてもらおうとしていることがバレバレの状況でも使える。ちょっとした創造性を発揮して、相手が——たとえばあなたの夫が——

「すでに始めている何か」に結びつければいい。夫がこれまでやり続けてきた大きなプロジェクトの中の、「新たなステージ」というふうに思わせるのだ。

「あなたなら今週末に天井の塗り替えを終わらせられるわ。天井を塗り直せばこれまでやってきた家のリノベーションが終わるのね。これまでよくやってくれたわ、ほとんど完成してる。全部終わったらどんなに気分がいいか想像してみて！　私は実家に戻ってるから、日曜の夜に会いましょ、ＯＫ？」

人は集団になると簡単に操られる

本書の中のさまざまなテクニックは、たった一つの前提に基づいている。それは、行動次第で人に影響を与えることができるというものだ。しかも、**ときには複数人に対して一度に影響を与えるほうがうまくいく場合もある。**

人間は集団を形成するようにプログラムされている。組合を設立し、協会を作るのは、私たちが他人を必要としているからだ。集団を形成することで1人では実現できないような安全や保護を得る。

しかし、集団の中にいるとき、私たちの心理には不思議なことが起きる。自らの分析能力や防衛能力を放棄して、自分自身の判断を集団に頼ってしまうのだ。「群れの振る舞い」だ。

集団の中で私たちは、一個人として考えることを止め、もっともラクな道へと進み始める――より一般的に言えば、「一番声が大きい人」がいる道へと進み始めてしまう。集団が大きければ大きいほど、集団の大多数がリーダーの提案に従う傾向が高まる。

そして**集団はまた、個々人よりもはるかに感情的に反応する。**集団の中で起きた感情は、アンプから出るギター音のように、集団を駆け巡るほど増幅していく。

この現象は「オンライン・ヘイト」にも見られる。フェイスブックや掲示板などを見過ぎてしまっているような多数の一般人の中で、突如として特定の個人に対する集団的憎悪が噴出する。こうした群集行動が、個人対個人の場合とは正反対に、集団内での意見や行動を統制しやすくする。

皮肉なのは大集団の前で話すのを嫌がる人が多いということだ。多くの人前で話すのは世界でもっとも恐ろしいことの一つだとよく言われる。これはつまり、多くの集団にはリーダーがいないということであり、それは、単に誰も人前で話す勇気がないからである。

この機会を逃してはいけない。他人に影響を及ぼしたいのなら、気をラクにして一度に多くの人に語りかけたほうがいいだろう。可能ならいつでも、メッセージを特定の個人ではなく集団へ向けるように心がけよう。

たとえば、会社で月に一度全体会議があるとする。自分の肝入りのプロジェクトへの支持を取り付けるべく同僚ひとりひとりに説得を試みるような時間のムダづかいはやめよう。全体会議のときに一度に全員へ提案したほうがずっといいし、全員が賛成してくれる可能性も高まる。彼らの感情的で非分析的な集団心理に訴えて、自分の願いは彼らの願いとまったく同じなのだと説得すれば、提案は通るはずだ。

「暗示」のほうが人は動く

集団全体へ一度に影響を与えて、人々の意思をコントロールできるのは素晴らしいテクニックだ。しかし、このテクニックは目の前に実際に伝えるべき集団がいることを前提としている。もし相手が見えない集団だったらどうだろう？

心配ない。**見えない集団の意思をコントロールするには、ある情報を暗示するだけで十分なのだ**（たとえその集団が実在しなくても、だ）。

たとえば顔の見えない不特定多数の人々にチケットを買わせたい場合、「月曜日までチケットを買うのは待ったほうがいいかもしれませんね、そうすれば行列も少しは短くなるでしょう」と言えば、多くの人が並んででもチケットを買いたいほど人気のものなのだと伝わる。「多くの人がチケットを買いたがっている」という結論が、あなたからではなく、こうして相手自身の推論によって導きだされれば、さらに信頼度が高まる（行列に並ぶのが嫌で諦めるのではないかと考えるかもしれないが、実際はその逆である。入手困難なものほど、人は欲しがる)。

アメリカのショッピングチャンネルで、宣伝文章のほんの一部を変えただけで歴史的売上げを記録したTVコマーシャルがある。昔は「電話を受け付けています、オペレーターがあなたの電話を待っています!」と言っていた。しかし、変更後はこうだ。「電話を受け付けています、回線が混み合っている場合は、おかけ直しください!」

変更前のフレーズは、電話があまり鳴らず、オペレーターたちがじっと待ちかまえているようなイメージを与える。当然のことながら、そのイメージは製品の人気度が低いイメージになる。

一方で変更後のフレーズは、電話が繋がらないほど多くの人が注文しているように聞こえる。この新しい宣伝文句を放送し始めると、売上げは飛躍的に伸びた。

つまり、このような表現をするときは、本当に正しいかどうかはあまり気にしなくていい。ここであげた二つの例は、チケットや製品をみんなが欲しがっているとは一言も言っていない。単に、「行列ができるかもしれない」「回線が混み合っているかもしれない」と言っただけだ。実際に行列ができるか、回線が混み合うかは関係ないのだ。

自信を示す「三角のポーズ」

何かについて真偽を判断するとき、我々は社会的地位の高い、権威ある人々の発言に頼る。それはおかしなことではない。医者はあなたより体についての知識があるはずだ（もちろん、あなたが医者でなければの話だが）。だから医者の発言は、医学的知識を根拠に信頼される。

人が社会的地位の高さを根拠に誰かを信頼するのは、生物学的進化の帰結だとも言える。群れのリーダーが指示を出した場合は、たぶん正しいだろうと判断される。リーダーの正しさは過去に十分証明されてきたことであり、だからこそリーダーはリーダーになったからだ。

そこで、自分の発言力を増すために、その分野の権威であることや社会的地位の高さをアピールすることも一つのやり方ではある。しかしこれは、もっとも濫用されている手法でもある。

きっとあなたも、ダメな政治家のように権威や地位を誇示しようと振る舞って（盛大に失敗して）いる人を見て、あきれて深いため息をついたことがあるだろう。彼らは声を張り上げ、ぶっきらぼうな厳しい声で語る。

「以上。これが私たちのすべきことだ。私は正しい」

こういう無能な表現は人に笑われるだろうが、あるシンプルなジェスチャーをすることで、人々はあなたの発言を真剣に受け取り、価値のあるものだと考えるようになる。それだけではない。あなたの言うことが正しいのだと感じるようになる。すべてを操るのはあなたの「指先」だ。

指を組んで、前腕と指先で三角形を作る。このジェスチャーは、強い自信を持ち、自信がピークに達しているときに無意識に出るものだ。組んだ手を顔のあたりに置く人もいれば、腰の辺りに持っていく人もいる。机の下の太もも辺りに持っていく人も、ヒジを机に置く人も、頭の後ろで組む人もいる。場所はどこであれ、意味は同じだ。権威を示す典型的なジェスチャーであり、弁護士や医者や先生と呼ばれがちな人々が、特に発言に自信を持っているときによくする仕草でもある。

　このジェスチャーは自分で意識しなくても出るくらいなので、自覚的に行っても相手に影響を与えることができる。たとえば、弁護士が裁判の証人尋問中にこのジェスチャーを行うと、指を組まないときに比べて証人の証言の信憑性が増す。弁護士が証言に自信を持っていると示すことで、周りの人々は証言をより信頼できるものとして受け取るのだ。

　交渉相手がこのジェスチャーを行っているとしたら、それは相手が簡単には折れないことを意味する。そのときには相手の手に注意して、会話の最中に変化がないかを見ることだ。もし指先に突然力が入って、祈るように重なりあったら、権威の誇示から一転、それは権威の失墜を意味する。**指先を固く閉じるのは疑念や不安の表れで、萎縮し始めている証拠だ。**そしてまた、セルフタッチという不安なときのジェスチャーの一種である（詳しくは第3章で）。

　なんにしろ、親指には注意しておかなければならない。もし固く閉じられた手が緩み、アーチ型に開き、両親指の先がくっついているか上を向いていたら、まだまだ相手は強い自信を持ち、状況に余裕がある。一方で親指が手の中に隠れていたり、手が閉じられたりしていたら、相手はもう先程のような自信を持っていないというサインである。会話における自信の満ち引きに応じて手も行ったり来たりするのを観察することは、相手の発言の信憑性を見定めるいい指標になるだろう。

しかし、ここで注意が必要だ。競争相手が話しているときに、決してこのジェスチャーをしてはならない。相手の発言の信用度を増してしまうからだ。

そしてまた、このテクニックを使っていると、反論してくる人が少なくなることにも気づくだろう。このポーズの効果は絶大で、指を重ね合わせたあなたの発言に反論するのは、誰にとってもかなりプレッシャーになるからだ。実際、時と場所を選ばないと、聞き手をいじめているようにも見える。だから、このジェスチャーは謙虚で友好的な態度や控えめな言葉と組み合わせて使ったほうが、本来の威力を最大限にできる。

それから、このジェスチャーは人に見られて初めて効果があるということも覚えておいたほうがいい。手は太ももや腰のあたりに置くのではなく、簡単に目に入るような位置に上げておくことだ。

ダメな政治家のような人には声が枯れるまで叫ばせておこう。あなたは手だけを使って、自信を見せ、自分は正しいことを語っていると明示するだけでいい。

影響力を持っている人の振る舞い方

あなたの社会的地位を向上させ、パワーを増幅させる方法は他にもたくさんある。どういうわけか、私たちは**あまり動かない人ほど地位が高いと感じる**ようだ。あまり動かないというのは、怠け者という意味ではない。何かとあくせく動き回らない人のことである。

これにはいくつかの理由がある。社会的地位の高い人ほど、必要な物をすでに持っていたり、幼い頃から周りの人がそろえてくれていたりするため、必死になる必要がなかったのだ。

また、彼らは実際に力を持っているため、余裕もある。俳優のマイケル・ケインはギャングのボスの役作りをするときに、相手を怯えさせるもっともいい方法は、相手の目を見て静かにゆっくりと話しながら、まばたきをしないことだと気づいたという。その仕草はきわめて友好的な言葉にも恐ろしいトーンを与えることになる。「君のことは気に入っているよ。本当に、ね」

理由はどうあれ、私たちは厳かでゆっくりした意識的な振る舞いに、社会的地位の高さ、つまりパワーを感じてしまうのだ。

だが、いつも自分をエリートのように見せることがいいわけではない。たとえば、いばっている上司とのミーティングでゆったりとかまえても、相手を不快にさせるだけだ。この場合は、相手より下の地位であることを示し、相手の気づかないレベルで振る舞いを調整したほうがうまくいく。いずれにせよ地位をコントロールするには、次のような原則を知っておく必要がある。

・高い地位の人は落ち着いていて、安定感があり、そして自信がある。低い地位の人は不安げで、心配性で、自信なさげである。

・地位の高い人は聞き上手であり、何が起きても予測していたかのように、また前もって考えていたかのように行動する。地位の低い人は驚きと不安とともに反応し、自分の心配事をわめき立てる。

・地位の高い人はアイコンタクトを維持し、まばたきなどしていないかのように見える（当然ながら、おかしな人だと思われるような見つめ方はしない）。地位の低い人はしきりにまばたきをし、常に危険が迫っているかのように周囲の様子をきょろきょろとうかがう。

・高い地位の人は必要なときにしか動かず、動くときも静かにゆっくりと動く。地位の低い人はいつもムダに動き回り落ち着かない。

その場に合わせた振る舞いをすれば、相手が勝手にあなたには信頼性やパワーがあると思ってくれるだろう。

第2章

言葉の魔術

——どうしてあの人の思い通りに事が運ぶのか

言葉は魔法のようなものだ。きわめてシンプルな言葉でも、脳内にかなり複雑な思考や連想を引き起こす。

たとえばチーズと聞くと、味や、匂い、舌触りといった感覚を思い起こしたり、好きだった女の子とワインを飲みながら食べたチーズの、少し硬くなった皮を思い出したりする。そんなことを考えながら思考は突然、あの子は今頃どうしてるだろう、冷蔵庫にチーズあったかな、買い物に行く前にお金をおろさなきゃ、などと広がっていく。そして、その子との果たせなかった約束を思って胸に小さな痛みを感じたり、記憶の中の安っぽいチーズの味で口の中がまずくなったり。このような思考や連想は単独で起こるのではない。言葉を起点にして、連鎖的に生じているのだ。

私たちはこうした言葉の性質をほとんど意識していないため、同じような意味でありながら、印象の違う言葉を用いるトリックにだまされてしまう。

たとえば、「地球温暖化」と「気候変動」という二つの言葉。実際には、同じことを意味しているにもかかわらず、「地球温暖化」と言われたほうが不吉に感じないだろうか。こうした悪いイメージを警戒して、「地球温暖化」という言葉は、政治の世界では使われなくなった（一方で「気候変動」という言葉は50年代以降、常に議題に上り続けている）。

どのような言葉に影響力があるのか知っておけば、あなたは他の誰よりも、人に興味を持って話を聞いてもらえるようになる。この章では、相手に気づかれないまま「考えを刷り込むこと」ができるような言葉の使い方を紹介する。ある種の言葉や表現を用いると、あなたは相手の心の中に思考の流れを作ることができる。こちらは種をまくだけで、あとは相手がひとりでに花を咲かせてくれる。

ひとつ注意点をあげるとすれば、彼らが新たに「発見」したことは、たとえ元々あなたのアイデアだったとしても、全部彼らの手柄にしておくことだ。一番大切なのは、あなたの思惑通りに相手が動いてくれることなのだから、彼らが自分で思いついたアイデアだと思わせておいたほうが、こっちとしてはずっとやりやすい。まるでSF映画の話に聞こえるだろうか。しかし、すべきことはいたって簡単――ただ話しかけるだけなのだ。

語彙の豊富な人は知的に見える

言葉で人に影響をもたらすためには、言葉をたくさん知っていることが不可欠だ。語彙の豊富さは、人間関係の豊かさに直結している。

語彙が豊富な人はクリエイティブで知的だと見なされ、就職や昇進もしやすく、たいていの場合、人より真面目に話を聞いてもらいやすい。つまり、語彙を増やすほど、人生で得をするのだ。今の語彙がどの程度だとしても、心配はいらない。まだまだ増やす余地はあるはずだ。

幸い、語彙を増やすのはあなたが思っているよりも簡単だ。見たこともないまったく新しい単語を50個覚える必要はない。それに、まったく新しい意味の単語を探す必要もない。そんな単語を知ったところで、話題が新たに50個増えたりはしないからだ。

新たに覚えるべきは、すでに馴染みある言葉の「類語」であればいい。辞書を引っぱりだしてくるか、ネットで類語辞典を開くかして、日常的に使っている言葉の類語を一つか二つ、見つけてみよう。すでに知っていたけれど、ほとんど使わなかった言葉を思い出すのでもいい。

もちろん、まったく新しい言葉を覚えることも楽しいものだ。「ブックストール」という言葉は「ブックストア」と同じ意味なのだ、とか。

一番重要なのは、新しい言葉を「使い始める」ということだ。

なかには、自分にしっくりこない言葉もあるかもしれない。あなたは「見事な」なんて言葉を使うタイプではないかもしれない。もしそうならば、ムリしてしっくりこない言葉を使うのはやめて、他の新しい言葉を探そう。

新しい言葉を毎日ひとつずつ増やしていけば、わずか1カ月半で知的エリートの一員と見なされる段階までたどり着き、それ相応の信頼と尊敬を得ることができるだろう（もちろん、給料だって増えるはずだ）。

賛同されると「受け入れられた」と感じる

周りから賛同されるのは気分がいいものだ。

同意されるということは、自分を受け入れてもらったと感じることだからだ。「受け入れられる」という感覚は、私たちにとって非常に重要だ。もし周りの人々の賛同を得られなければ、そのコミュニティから追放される危険性だって出てくる。こうした不安が、人間関係におけるストレスとなる。

もちろん、理性的に考えれば、単に相手と反対の意見を持っているというだけで、「もうあなたとは付き合わない」などと言われることはない。少なくとも、相手が12歳以上の分別を持った人ならば。

それでも、相手と良好な関係を築くには相手の考え方に賛同しなければ、と反射的に思ってしまうのが人間の心理というもので、それは小学校を卒業してずいぶんたった後まで、私たちの中で強く作用している。

この作用は非常に強力で、**人に賛同してもらうと「受け入れられた感じ」がするだけでなく、賛同してくれた相手に対する好感度も上がる。**そして当然、人は好感を持った相手のほうが、話を聞く気になるものだ。

もし顧客や同僚に（もしくは、恋い焦がれる相手に）何かを受け入れてほしければ、自分のことを好きになってもらうところから始めるといい。iPhoneを売ろうとしている場合でも、相手の考えを変えようとしている場合でも同じだ。

まずは、相手の考えに賛同することで、自分の話を聞いてもらいやすくするのが手っ取り早い。だから、最初に相手に意見を言ってもらってから、「わかります」と切り出そう。陳腐に聞こえるかもしれないが、我慢して読み進めてほしい。そのように切り出したら、ちょっと間をおいて、こちらの賛同が相手に伝わるのを待とう。それから、自分の主張したいポイントについて話し始めるのだ。

「わかります、iPhoneは高いですよね……ということは、つまりそれだけ良い製品だということです」

では、相手の言っていることに賛同できない場合はどうすればいいだろう？　問題ない。

相手の発言のどこに賛同しているかをはっきりさせなければよいのだ。相手の意見そのものには反対でも、どこかしら賛同できる部分は必ずある。

「仰っていることはわかります……だからこそ……」

「仰っていることは、実際わかる部分もあります……さらに言えば……」

「細かい点についてはよくわかります……ということはつまり……」

もしくはシンプルに、

「基本的にはわかります、そして……」

くらいでも、いい。

もちろん、「わかります」という言葉を使えば、自動的に誰もがあなたを好きになり、あなたの言うことになんでも賛同するようになるというわけではない。しかし、スタートとしては上々だ。ほとんど労を要することもなく、好意を得ることができる。

言葉のトリックは、ゲームでいうパワーアップ・アイテムに似ている。**使えば使うほど、そしてうまく組み合わせれば組み合わせるほど、強力になる**のだ。ゲームをやったことがある人ならば、ボスと対戦するときには、手に入れられる限りのあらゆるパワーアップ・アイテムを使うことがいかに大切かわかるだろう。

「逆接」ではなく「順接」だと説得しやすくなる

じつは、前のセクションの文例には、知らないうちに二つのテクニックが使われていた。もう一度、前のセクションの文例を見てみよう。

「わかります、iPhone は高いですよね……ということは、**つまり**それだけ良い製品だということです」

普通このような言い方はあまりしないだろう。次のように言うことのほうが多いのではないだろうか。

「わかります、iPhone は高いですよね。**ですが、**それはつまりそれだけ良い製品だということです」

違いがおわかりだろうか？

「賛同の公式」を活かすためには、それに続く文章を順接でつなげなければならない。この状況で逆接を使うのは致命的なミスになる。順接の接続詞「つまり」は、次にくる発言が前の発言から自然に連続していることを示す。一方で、逆接の接続詞「ですが」は、次にくる発言が前の発言に対する否認や留保となっていることを示している。「お腹が空いています。ですが、食べたくはありません」というように。

つまり、このトリックにおいて重要なのは、単に相手に賛同するだけではなく、そこに自分の意見を付け加え、それが相手の発言から導きだされた帰結であるように思わせることなのである。実践の場では、次のように活用できる。

「わかります……だからこそ……」

「わかります……ということはつまり……」

「わかります……なので……」

「わかります……付け加えるなら……」

この順接のパワーは非常に強く、**不思議と前後の発言内容が順接にマッチしているかどうかは気にならなくなる。**試しに、先ほどの文章を見てみよう。

「わかります、iPhone は高いですよね……ということは、つまりそれだけ良い製品だということです」

実際は高いからといって製品の質が良いとは限らない。ところが、順接の接続詞を使うと、その二つに何かしらの因果関係があるように聞こえるのだ。

このトリックは賛同のテクニックだが、相手が何も発言していなくても使える。たとえば、あなたがYという意見を持っていたとする。Yは一般的には支持される意見ではなさそうだ。あなたは一般的に支持されるのはXであろうとわかっている。そこで、相手が賛同するであろうXから話を始め、Yへとつなげたい。「Xは重要です。**だからこそ、**Yなのです」というように。このテクニックは政治のレトリックの中でよく用いられている。例を挙げよう。

Aの政党「我々は高齢者の介護は重要だと考えています。**だからこそ**増税、が必要なのです」

Bの政党「我々は高齢者の介護は重要だと考えています。**だからこそ**減税、が必要なのです」

二つの政党は正反対の政策を掲げている。

Aの政党は地方自治体の医療予算を増やしたいと思っており、Bの政党は自治体の予算ではなく、民間介護施設の市場を拡大したいと思っている。

彼らは正反対の意見を掲げているにもかかわらず、「だからこそ」という順接の言葉で、「より良い高齢者介護」という同じ目標へと接続しているのである。

この順接を逆接に変えた場合、どうなるだろうか。

「我々は高齢者の介護は重要だと考えています。**しかしながら、**減税は必要なのです」

……これでは誰も説得できないだろう。

もちろん、このテクニックは政治以外のあらゆる分野でも役に立つ。

「社の命運はこのプロジェクトの結果にかかっています。**まさにそれがゆえ、**数字にこだわりすぎてはいけません。ゴールに焦点を当てるべきです」

「お互いに敬意を払うことが大切だと思う。**だからこそ、**今ここで服を全部脱ぐべきなんだ。そうすれば、本当の意味でお互いをよく知ることができる」

この文脈においてキーワードとなるのは「だからこそ」だ。

この言葉は、単に次にくる発言が前の発言とつながっていることを示すだけでなく、もっと直接的な因果関係があるように感じさせる。次の文章について考えてみよう。

「この仕事をやらなければならないというのはわかります、**だからこそ、**適切にできるタイミングがくるまで待つ必要があるのです」

この文章から「だからこそ」を抜いてしまうと、説得力に欠け、単に意欲のない人間に見えてしまう。

「この仕事をやらなければならないというのはわかります。適切にできるタイミングがくるまで待つ必要があるのです」


先ほどの文例をいくつか見直してみればわかるように、そこには必ず「だからこそ」、もしくはそれに相当する言葉が使われている。

「だからこそ」に類する表現としては「それはつまり」がある。

あなたは自分でこの本に興味を持ち、読むことにした。それはつまり、あなたが非常に賢い人間であるということだ。

さらに言えば、それはつまり、あなたが週末に開催される私のセミナーに参加し、影響力についてさらに詳しく学ぶことの価値を理解できる人間であるということだ。だからこそ、セミナーが満員になる前に早く登録する必要がある。

……どうだろう？　私のセミナーに参加したくなっただろうか？

というのは冗談としても、

「それはつまり」

「だからこそ」

誘い文句にこれらの表現を加えれば、説得力が上がるのは間違いない。

「ネガティブな意見」を先に持ってきたほうがいいワケ

これまで見てきたように、逆接は二つのものを対立させ、順接は二つのものをつなげる。また、順接は前の発言に意見を付け加えるもので、逆接は前の発言を打ち消すという点が挙げられる。逆接の働きは、パソコンで言う「デリート・キー」のようなものだ。もし、「君の書いた報告書は素晴らしかったよ。しかし……」と切り出されたら、あなたはその報告書はよくなかったのだと思うだろう。「しかし」ときたら批判される、と身がまえるはずだ。たとえば、「君の書いた報告書は素晴らしかったよ。しかし、事実誤認が多いね」というように。

これはよく使われる手だ。あなたの上司も、先にポジティブな意見から話を切り出すことで安心させ、それから本当の感想を告げるのがよい、とどこかで習ったのかもしれない。

しかしながら、上司は大切なことに気づいていない。あなたがすでにこの話し方のトリックを知っていて、無意識に彼の発言を先読みしているということに。さらにあなたは、今では相手が何かポジティブなことを言った瞬間、「しかし」という恐ろしい言葉が続くことを予期するようになってさえいるかもしれない。これではメッセージの内容よりも、批判されたかどうかという点にのみ注意が向けられ、感情が後に残ることになる。

しかし、これとまったく同じ批判的なメッセージであっても、逆接が持つ「打ち消しの機能」を活用して、受け手にまったく異なる印象を与えることができる。

ようは、前後を入れ替えればいいのだ。

まずは、批判やネガティブな意見から話を切り出そう。そして、「しかし」と言った後で、ポジティブな意見を言おう。すると、先ほどの上司の発言は次のように変わる。

「君の報告書には事実誤認が多かった。しかし、素晴らしい出来だったね！」

このように言われたほうが、人は批判をずっと受け入れやすくなる。ネガティブな意見を聞いて引き起こされた「感情」がポジティブな発言で打ち消され、批判内容が受け入れやすくなるのだ。先の例と言っている内容は同じなのに、である。

「事実誤認が多い」という批判的メッセージは、今回の発言にも含まれている。

しかしながら後者の場合、相手側にポジティブな感情を与えて発言を終えている。そうすることで、**相手はあなたに拒絶反応を示すことなく批判を受け入れ、事実誤認を正そうという気持ちになる**のである。

このテクニックは、相手に感情的な拒否反応を起こさせずに、ネガティブな情報を伝えたいときに使える。

たとえば、自分の子どもに「今週末は好きなだけ外出していい。しかし今夜は家にいなさい」と言う代わりに、順番を入れ替えて、次のように言うこともできる。

「今夜は外出しちゃダメだ。しかし、今週末は好きなだけ外出していいぞ」

魅力的な同僚には、「約束通り食事はおごるつもりだよ。だけど、急な予定が入っちゃって今晩はムリなんだ」と言ってガッカリさせる代わりに、「ありがちなことだけど、今晩は急な予定が入ってしまったんだ。だけど、別の機会に約束通り食事はごちそうさせてほしい」と言おう。

さらに応用すると、会話の論点をズラすこともできる。**最後にポジティブな質問で締めくくるのだ。**

「今夜は外出しちゃダメだ。しかし、今週末は好きなだけ外出していいぞ。だって、週末の外出が一番楽しいだろう？」

この場合、もし子どもが門限に反発していたとしても、「週末が一番楽しいかどうか」という質問に答えてからでないと、反発を表明することはできない。それによって、会話の焦点をネガティブな情報から、質問に答えることへと移すことができる。

「まあ、それはそうだけど……」そう答えてしまった後でどんなに反発をしても、主張は弱くなる。週末に外出したほうが楽しいということを認め、相手に同意してしまっているからだ。

また、経験に訴えかける質問も効果がある。経験は感情を呼び起こし、ポジティブな感情によって相手の機嫌はよくなるからだ。あなたが次のように言ったら、同僚の女性はどう感じるだろうか？

「ありがちなことだけど、今晩は急な予定が入ってしまったんだ。だけど、別の機会に約束通り食事はごちそうさせてほしい。木曜に『ボカグランデ』でディナーっていうのはどうかな？　前に行ったときすごく楽しかったの、覚えてる？」

あなたは、彼女との夕食デートの約束をキャンセルしてガッカリさせる代わりに、彼女にポジティブなことを思い出させ、次のデートへの期待を高めている。デートのディナーがキャンセルになったにもかかわらず、相手の反応は悪くないはずだ。

私たちの脳は常に「もっともらしい因果関係」をさがしている

私たちが何かを確信するのは、そこに一定の「因果関係」を見出すことができたときだ。原因があって初めて腑に落ちるのが人間なのだ。

「私たちは重力の存在を信じている。なぜなら、物が落下するからだ」

「両者が得するような解決策が最善だと信じている。なぜなら、それは将来の協力関係につながるからだ」

「自分はまだ未熟だと思う。なぜなら誰かにそう言われたからだ」

多くの場合、我々はこのように背景にある原因にまで言及することはなく、結果のみに注目する。重力があることを信じている、両者が得する解決策が最善だと信じている、自分は未熟だ、以上。しかし、そこには必ず原因がある。

ポイントは、**人が根拠にしているものは、必ずしも真実である必要はない、**ということだ。「真実だと信じられれば」十分なのである。

本当は、君は未熟だ、などと誰にも言われていないのに、誰かの発言を聞き間違えて、そのように思われていると勘違いする。それでも信じてしまう。

しかし、この心理を利用して、何かを信用してもらうこともできる。自然科学の世界では、重力は物体を引き寄せる力であると定義されている。しかし、言語の上では、どのような物事の間にも因果関係があると言ってもよいのだ。たとえば、こんな文章はどうだろう。

「この本を読めば、あなたにとってどれだけ価値があるものか、わかるだろう」

一見、理屈が通っているように聞こえるだろう。しかし、一体この文章のどこに因果関係があるだろうか。ここで結果とされているのは「この本があなたにとってどれだけ価値があるものかわかる」だ。そして、その原因となるのは「この本を読む」ことだ。これがもっともらしく聞こえるのは、言葉のロジックに沿っているからである。本当に理屈に合っているかどうか、本当に真実かどうかについては、一切触れていない。

このテクニックを日々の生活で使うところを想像してみれば、前よりもずっと効果的に周囲の人々に影響を与えられるようになる。

もう少し先へ進んでみよう。日光を浴びると日焼けするという場合、その文章は「より多くの日光があれば、より一層日焼けする」ということを示してもいる。単純な論理だ。しかし、必ずしもそうではない場合もある。

ストロベリーのアイスクリームを食べたいという欲求から、アイスクリームを買いに行ったとしても、その欲求の大きさに応じて買う本数が増えるとは限らない。千個食べたいと思っていても、1個分買うお金しかないということもあり得る。

しかしながらここでも、**私たちの脳はもっともらしく聞こえるほうを好む。**「原因となるものが大きくなるほど結果も大きくなる」という考え方は、普遍的な真理のように聞こえるのである。この心理もまた、正しく利用すれば、あなたの言葉の信頼度をさらに高めるのに役立つ。

ちなみに、因果関係で結びつける二つのものは、まったく正反対のものでもかまわない。この方法は、相手にしてもらいたくないことを止めさせるときに利用できる。

「我々以外の会社と仕事をすればするほど、あなたは我々と仕事をするメリットに気づくことになるでしょう」

このような非論理的な発言を聞くと、相手の脳はどのように考えれば理屈が通るのか、どう考えれば腑に落ちるのかと考え始める。

というのも、相手はあなたが辻褄《つじつま》の合わない発言をしているわけがないと思い込んでいるからである。誰かを説得しようというときに辻褄の合わないことを言うのは、自然ではないからだ。そこで、相手は二つの主張をつなげる論理を模索し、なぜあなたと仕事をすることが自分の利益につながるのだろうかと考え始める。

それはつまり、彼ら自身があなたを選ぶ必然性を支える論拠を考え出しているということに他ならない。**脳が因果関係があると認識したものが、真実になる**のだ。

「もしくは」を使うと脳が混乱する

私たちの脳は混乱を嫌うため、混乱を解消してくれるような論理的な結論を見つけると飛びつく傾向がある。そのため、スムーズに自分の意見を受け入れてもらうには、**先に相手を少し混乱させると有効だ。**

相手を混乱させるには、「もしくは」という言葉が鍵となる。

たとえば、部下に早く報告書を提出してもらいたいとする。そんなとき、「今、報告書を出してくれ。もしくは……」と言ったら、聞き手は「もしくは」の後に代替案が続くと予想するだろう。「今、もしくは後で」「今日、もしくは明日」などが理想のところだ。

ところが、仮に「もしくは」の後に前とまったく同じ内容（たとえば、「今、もしくは、すぐに」など）が来たら、予想が裏切られ、混乱が生じる。

また当然、相手はそんな最後通告を突きつけてきたあなたのことを、少し無礼じゃないかと思うだろう。しかし、そのすぐ後で、あなたがまったく別のことについて話し始め、最後に質問をして話を締めくくると、**相手の思考は理解しやすい話のほうに集中すること になる。** たとえば、こんな具合だ。

「報告書はランチ前に僕に送るか、もしくはお昼を食べに出る前までには僕の手元にあるようにしておいてくれ——ところで、君のプロジェクトはうまく進んでいるかな。何か手助けできることはあるか？」

すると、相手の脳内には次のような思考が展開するだろう。

「最初のほうで何か変なことを言ってたな。まあ、それは後で考えよう。で、何だっけ。ああ、プロジェクトはうまくいってる。でも相談したいこともあるな。じゃあこう答えよう。『そうですね、午後にでも話を聞いてくれたら嬉しいです』」ここまでくると、最初の混乱なんてすっかり忘れてしまっている。

このテクニックのよいところは、実際には選択肢はないにもかかわらず、「相手に選択肢があるように感じさせる」という点だ。 しかも、こちらが言ったことは、相手の脳から完全に消えてしまうことはない。すぐに報告書を出してくれという要求は、相手の脳に残っている。

ここで重要なのは、本当は選択肢がないということを相手に悟らせないことだ。彼は自分自身の意思で選択して、ランチ前に報告書を提出しようと考えるようになる。その「選択」が、「唯一の道」として彼の無意識下に残っているからだ。

どちらにせよ相手が報告書を提出するなら、何もそんなにややこしい方法をとらなくてもいいじゃないかと思うかもしれない。その通りだ。

ただ、この報告書の例は、単にこのテクニックがどのように作用するのかを示しただけにすぎない。実際には、このテクニックは、**相手が自分の思惑通りに動いてくれる可能性がかなり低い場面でこそ役に立つ。**

「あなたはこの店を出るまでにこの掃除機を買う、もしくは家に持って帰ることを決めると、私はわかっています。問題は、赤か黒か、どっちがしっくりくるかですよね。どう思います？」こう言われたら、相手は抗いきれない。

「もしくは」という言葉にはこんなにも優れた働きがあるのに、誰も注意を払っていないことに、私はいつも驚きを禁じ得ない。

「あなた」を文頭に持ってくると強力なメッセージになる

「これは自分にどんな関係があるだろう？」――何かを見たり、聞いたり、体験したりしたとき、まず私たちの頭をよぎるのはこうした問いだ。無意識のうちに、私たちは日々数えきれないほどそのような自問をしている。

その次にくるのは、「それは自分にとってどんなメリットがあるだろうか」という問いだ。だから、こちらは常に相手の頭の中にあるこの種の問いに、答えてあげればいい。これだけで、何かを提案したときに受け入れられるかどうかに大きな違いが出る。

ポイントはひとえに「あなた」という語をどこに置くかだ。「あなた」という語は、できるだけ文頭に持ってくるように心がける。すると、あなたが相手のこと、そして相手の関心を第一に扱っていると伝えることができる。

これはたとえば、相手にお願いしたいことがあるときにうってつけの方法だ。

仮に、あなたが会議に出たくない気分だとしよう。もし「僕は会議に出なきゃダメかな？」と言ったら、自分のことしか考えていない人のように聞こえる。もちろん相手も、「たまには他の人のことも考えてみるべきじゃないかしら。みんながあなたのように行動したらどうなると思う？」といった返事をしてくるだろう。

だが、もし反対に、あなたが相手の視点に立って「あなたは僕抜きでも会議を切り抜けられそうですか？」と聞けば、質問の焦点はもはや、あなたが会議に出るべきかどうかではなく、その相手が自分1人でも会議を切り抜けられるかどうか、になっている。そしてたいていの場合、答えはイエスになる。「問題ないわ。あなたが出られないなら、私が何とかする」

また、**「助けが必要なんだ」と言う代わりに、「あなたが助けてくれないかな？」と言うとよい。**言葉の上ではわずかな違いだが、受け手の心理には大きな違いがある。前者の場合、「自分」が主語になって、「助けを必要としている」と述べているにすぎず、行動するか否かは、同僚の側に託されている。しかし後者の場合、「あなた（同僚）」が主語になっている。この場合は、できる範囲で助けてくれることになるだろう。同僚は自分のことを、親切で役に立つ人間だと思っているからだ（ほとんどの人はそのように思うものだ）。

このテクニックは、何にでも応用することができる。話している相手を主語にすえることで、「これはあなたに関係あることだ」というメッセージになり、発言をよりパーソナルなものにするのだ。「よくやった」ではなく、「あなたは本当によくやった」と言おう。

何かの報告の際も、単に「結果は期待通りだった」と言うのではなく、**「君のおかげで**結果は期待通りだった」と言って相手をこちらの側に引き入れることもできる。

上司に対しては「金曜に会議があります」と言うのではなく、「あなたも金曜の会議にいらっしゃいますよね?」と言って、会議が上司と関係のあるものだと示そう。

ここまでの話は、最初の問い（これは自分にどんな関係があるのだろう?）について扱ってきた。

次は、二番目の問い（自分にとってどんなメリットがあるのだろう?）だ。

ガールフレンドにお願い事をするときには、どんなメリットがあるかを明確にしておこう。もしあなたが、「スチュアート・ゴードンが新しい映画を作ったんだって。すごく面白いらしいよ。金曜日に観に行かない?」と言ったら、彼女はこう考えるだろう。「彼は面白いらしいって言ってるけど、私が観ても面白いのかしら?」

だが、「君もきっとスチュアート・ゴードンの新しい映画を気に入ると思うよ。金曜に一緒に観に行こう！」と言えば、彼女にとってどんなメリットがあるのか、という問いにはすでに答えたことになる（君もきっと気に入るよ！）。

もちろん、それでも彼女は、なぜ私がそれを気に入るのだろうか、と自問したり、あなたに聞いたりする（こちらの可能性のほうが高い）。脚本が面白いから？　特殊メイクがすごいから？　ジェフリー・コムズが出演するから？

しかし、この状態を冷静に考えてほしい。彼女はあなたに、自分がその映画を気に入る理由を聞きたがっている。つまり、**気に入るか気に入らないかではなく、すでに気に入ることが前提となってしまっているのだ。**この時点で、すでに話が進んでいることがわかるだろう。

人には、できるだけ物事を考えることを避ける傾向がある。考えることは労力を要するからだ。そこで、あなたが彼女に代わって考え、決め、気に入る理由を教えてあげると、彼女は自分で考える必要がなくなる。彼女はそれでかまわないのだ。

結局のところ、われわれはみんな正解を教えようとする人々（大人や教師やその他の権威）に囲まれて育ってきたため、そのような人の判断に身を任せるのがラクだと感じてしまうものなのである。

「あなた」という言葉から話を始めることで、相手のことを考えていると示し、それから相手にどんなメリットがあるのかを教えてあげる。それだけで、相手はあなたのどんな提案でも、「自分の利益のために」従うことになるだろう。

「あなた」という言葉は、相手を褒める際にもキーワードとなる。「そのジャケット、すごくかっこいいね」といった普通の褒め言葉の問題点は、本来ジャケットを着ている相手に賛辞が向けられているにもかかわらず、発言者である「あなた」や、「あなたの意見」に焦点が当たってしまうという点にある。ジャケット自体に焦点が当たらないのだ。

褒め言葉があまり好きではない人が多いのは、そこにも理由があるのだろう。褒め言葉なんて、単に発言者が自分を誇示する方法のひとつにすぎないじゃないか、というわけだ。しかし、賛辞を贈る相手にスポットライトが当たるように気をつければ、褒め言葉の効果は何倍にも高まる。ここでも、「あなた」から言葉を始めるのが得策だ。「君はそのジャケットを着ていると本当に素敵だね」もしくは、「あなたはあのキャンペーンの営業で本当にいい仕事をしましたね」と言えば、ただ褒めるより何倍も効果がある。

「私たち」という言葉で連帯感を生み出す

人はみな、自分はチームの一員であるという感覚を求める。そのため、コミュニティ意識を刺激するのは非常に有用な手法だ。

だから、発言する際に、使えるときにはいつでも「私たち」という言葉を使うといい。普通は「私たち」というとき、知り合いや親しい人、そして家族や同僚といったつながりがある人たちのことを指す。

ところが、**この言葉は赤の他人に使ったときでさえ、ある種の連帯感を生み出すことができる。** 相手はあなたのことを実際よりも近しく感じ、「味方」だと思うようになる。そして、あなたの期待に沿って行動してくれる可能性が高くなる。

この世のほとんどの言葉や文章は、「私たち」という言葉で言い換えることができる。身近なところでは、「天気に恵まれた」と言わずに「天気が私たちの味方をしてくれた」

と言う。

この場合、「私たち」とは正確には誰のことを指すのか、という点をはっきりさせることは必ずしも重要ではない。天気の例で言えば、それは「同じ気象条件のもとにいる人」というほどの意味だろう。

また、状況によっては、「この課の人たち」や「人類一般」を指すこともある。このように、**「私たち」が誰のことを指すのか説明する必要はない。**どのみち、コミュニティ意識や帰属意識は必ずそこについてくるのだ。

だからこそ、「四半期レポートは期待できそうだね」と言うよりも、「僕らの四半期レポートは期待できそうだね」と言ったほうがずっといい。

「この仕事にどんな影響があると思う？」ではなく、「私たちにどんな影響があると思う？」と言おう。

そしてまた、より個人的な状況においても、「あまり気が進まないな」とは言わないで、「僕たちにそんなことをする勇気があるかな？」と言うほうがいいのである。

「本当の望み」を引き出す質問法

どんなに聞き上手な人でも、調子の悪い日はある。関心を持っていることを示すうまい返答がなかなか思いつかないこともあれば、きちんと話を聞くエネルギーがないときだってある。聞き手が話し手と同じくらい興味がある話なんて、めったにない。

多くの人は、こちらが内容をすでに知っていたり、もう何度も聞かされたりしているような話をよくするものだ。だからこちらも時々スイッチをオフにするようになる。そして、はっと気がつくと、何かうまい言葉や共感を示さなくてはならない事態に陥る。そんなときには、返答に困ってしまうだろう。

幸い、そんなピンチを切り抜けるための単純な言葉のトリックがある。**相手が言った最後の言葉を繰り返すのだ。**そうすれば、たとえ聞き逃していたとしても、ちゃんと聞いていて、関心があるという印象を与えることができる。

さらに、素晴らしいボーナス効果もある。まるで、もっと話してほしい！　と促しているように聞こえるのだ。それによって、相手は乗り気になり、あなたと会話していることが最高に楽しくなってくる。大げさな例を挙げておこう。

「昨日リンゴを食べ続けていたらお腹が痛くなっちゃって」

「お腹が痛くなった？」

「うん、それまで何も食べてなかったから」

「何も？」

「早めの朝食を食べたんだけど、その後はやることがたくさんあって」

「やることがたくさんあったんだ」

「ええ、ボートを海に出さなきゃいけなかったの。最近ボートを買ったから」

「最近ボートを買ったの？」

「うん、言ってなかったっけ？　3年も貯金してたんだけど、ついに……」

こんな調子だ。そのうえこのテクニックは、**その人の本心を引き出すために有効**であることが実証されている。

たとえば、家庭がある男がボートをほしいと考えていたとする。彼は家族にとって安全で、しっかりとしたボートを買いたいとセールスマンに伝えてあるが、セールスマンがいくつか薦めたボートにはあまり関心を示さない。そこで、セールスマンはアプローチを変える。次々とファミリーボートを見せる代わりに、彼の言ったことを繰り返すようにしたのだ。

「ああ、これもいいですね、だけど本当にほしいものとは違う気がします」

「ほしいものとは違う？」

「ええ、もっと自分らしいものがいいかなと」

「自分らしい……」

「そう、なんというか……もっと速いものが」

「速いもの？」

「そうです。向こうにあるスポーツボートみたいな。あれを見てもいいですか？」

この父親は、心の奥底では家族にとって安全で信頼できるボートなど求めていなかったのだ。彼は、自分に合った、スピードの出せるボートを求めていたのである。

問題は彼自身も最初はそれを自覚していなかった点にあり、それゆえに、ファミリーボートが欲しいと言われたセールスマンは、彼が求めているものを提示することができなかったのだ。

相手の言葉を繰り返すことで、相手を会話に熱中させて楽しませることができるだけでなく、自分が本当は何を望んでいるのかを考え、理解する機会を与えることもできる。**人はいつも自分が心から求めているものを自覚しているとは限らないのだ。**それが何かわかれば、ボートを売る場合であれ、自分の意見を採用してもらう場合であれ、大きな強みとなるだろう。

会話の流れをコントロールするひと言

ときどき、会話の中で、こちらにとってはどうでもいいような点に、相手がこだわり出すということがないだろうか。

上司と打ち合わせをしていると、本筋とは関係のない細かい点に、突然上司がこだわり始めたり、顧客に製品の長所について説明したいと思っているのに、顧客のほうは自分の気になる点について延々と文句を言ったり、チーム内でその日の議題とはまったく関係ないことについて議論が始まったり。

こういった状況では、あなたは人の思考を自分の引っ張りたい方向へ誘導する必要がある。よく起こる失敗に、「それ、今話す必要がある?」とか、「埒《らち》が明かないから話題を変えよう」などと言うものがある。これでは、「そういう奴だよな、やっぱり本音が出た」などと思われるだけだ。

うまくやりたければ、**もっと微妙な言葉のニュアンスを利用しなくてはならない。**たとえば、「問題はAではない。Bなのだ」という言葉で、自分の話したい話題へと焦点を移すことができる。

「問題は、どんな障害があるかどうかじゃない。それで得られる利益がほしいかどうかだ」

「問題は値段じゃありません。それが本当にほしいものかどうかです」

「問題は人に噂されるかどうかじゃない。この夜をどれだけ楽しむかだ」

このテクニックを使えば、**会話のトピックをコントロールし、当初のトピックとはまったく関係ない別の話題へと流れを向ける**ことができる。

たとえば私があなたにこの本を買ってもらいたいとしよう。あなたは今この本を立ち読みしているが、心の中では、それよりも今夜はどんな映画がやっているだろうかと考えている。二つはまったく別のトピックだ。

だけど、考えてみてほしい。あなたは気づいているのではないだろうか。問題は「どんな映画を観るか」ではなく、「どうやって時間を過ごすのが一番よいのか」だということを。

楽しめるものがほしいのはわかるが、問題は気晴らしに留まらず、何かを得られるかどうかだ。もし、楽しめるだけではなく、同時に他人に思う通りに影響を及ぼすテクニックまで学べるのなら、そちらのほうが良いのではないだろうか？

問題はどれくらい時間がかかるかではない。どれだけ早く始めるかなのだ。

ということで、本を閉じて、レジに行こう。

さて、私はあなたを説得できただろうか。

行動パターンを崩すと暗示にかかりやすくなる

私たちの行動の多くは、あらかじめプログラムされた一連の動作を自動的に行っている。たとえば握手をするとき、私たちは腕を上げて前方に手を差し伸べ、相手の手をとり、相手の目を見ながら手を上下に振り、自分の名前を述べる。これらはすべて、ひとつひとつの動作を意識することなく行っている。何度も繰り返すことで行動のパターンを脳が覚え、自動的に行っているのである。

そのため、プログラムされたパターンから外れたことをすると――たとえば、握手の最中にこちらが何か予想外の動きをすると――相手は一時的に混乱に陥る。プログラム外のことが起きると、脳が現状を認識するのに時間がかかるのだ。すると、次にすべきことを判断するために、状況を分析する作業が必要になる。相手の脳は必死になって新たな指示を求める。そして、パターンを破った主体――あなた――のほうへと関心を向ける。**その**

瞬間、相手はかなり暗示にかかりやすい状態になっている。つまり、あなたが相手に自分の意見や提案を、あまり分析することなく受け入れてほしいのならば、このときがチャンスなのだ。

しかしながら、**この状況であなたが提示する内容は、「シンプル」かつ「明確」でなければならない。**列に割り込んでいいかな、とか、パーティーに招待してくれないかな、程度のものがベストだ。複雑な考えを植え付けるほどの時間はないため、相手が瞬間的に理解できないような提案は向いていない。

また、相手が比較的受け入れやすい提案であったほうがよい。上司にパターンを崩した挨拶をしてから、「給料を倍にしてくれ」と言ってもさすがにうまくいかない。けれども、「自分には月給以上の価値がある」という考えを植え付けるだけならできる。そうしておけば、来たるべき賃金交渉の際に役立つかもしれない。

ちなみに、この握手中に変な行動をするというテクニックは、催眠術師が短時間に相手に暗示をかけて、催眠状態に陥らせるときによく使う手法である。また、握手は単なる一例にすぎず、どんな状況においても、崩しやすい習慣パターンを見つけることはできる。

私たちは、みんななにかしらの行動パターンを持っており、なかにはその人独自のパターンを持っていることもある。

もし同僚が、パソコンのスイッチを切り、机の上を片付け、椅子を机に入れる、という一連の動作を退社前にいつも決まってしていることに気づいたら、それこそが彼女の自動パターンであり、それを崩せば、彼女はあなたの暗示を受け入れやすい状態になる。

たとえば、彼女がまさに椅子を机に入れようとしている瞬間に、あなたが代わりに椅子をしまう。彼女が自動的に伸ばした手をどうしようかと迷っている隙に、さっとその手を握って彼女を見つめ「君と僕は気が合うような気がするね」と言い、同じくらい素早く手を放して別の話題に移るのだ。たとえば、「今週末は何してるの？」といった具合だ。ペースを崩された相手をデートに誘うのはたやすい。

重要なのは、相手に考える隙を与えないことだ。

「悪い未来」を想像させると提案が通る

一般的に言って、人の脳は「ポジティブなこと」より「ネガティブなこと」に比重を置く傾向にある。テディベアを失くして悲しいという感情のほうが、見つけたときの嬉しさよりも強い。職を失った悲しみのほうが、職を得た喜びよりも強い。

そのため、**一般的に人は、喜びを得ることよりも痛みを回避することに力を入れている。**私たちの思考回路は、積極的に幸せやポジティブな経験を求めるよりも、まず不快を取り除こうとするようにできているのである。

だからこそ、こんなにも多くのコマーシャルが、単に製品が優れていること（ポジティブな情報）を説明するのではなく、あなたは問題を抱えているが、この製品はその問題を解決できる（ネガティブを避けるための情報）、という形で宣伝を行っているのである。

テレビのコマーシャルで、よくこんな文句を耳にするのではないだろうか。

「睡眠にお困りですか？」

「頭痛に悩まされている？」

「笑ったときに歯が見えるのが心配？」

この心の仕組みを利用すれば、人を簡単に説得することができる。

ライバル会社が、彼らのアイデアや製品がいかに素晴らしいかを一生懸命説明しようとしていても、かまうことはない。

代わりにあなたは相手が直面している問題を指摘することから始めよう。それから、解決策を提示する。

ひとたび納得すれば、相手はあなたの言うことを真剣に聞くようになるだろう。だが、それだけでは足りない。単に気に入るだけでなく、「あなたの解決策」を選んでもらわなければならないのだ。そのためには、こう言うのがいい。

「もし今何もしなければ、事態は悪くなる一方ですよ」

顧客と話す場合には、次のような具合だ。

「チームに締め切りを守らせるのに苦労しているようですね。それは彼らがプランニングに時間を割き過ぎているからです。このソフトウェアを使えば、同時に１００個のプロジエクトを詳細に管理することができます。そうすれば、今動いている20個のプロジェクトだけでも毎月40時間もセーブすることができます。今後さらにプロジェクトが増えていくことを考えると、今すぐ何か手を打たなければ、この混乱状態は悪くなる一方です。不満を持つ顧客も増えていきますよ」

子どもに対してはこう言おう。

「ディズニーランドに行きたいって言うけど、自分で行くお金はないだろう。そこが問題だ。だけど、おまえが家の床掃除をするなら、毎回20ドルあげよう。夏休みまでは10週間ある。ディズニーランドへ行くには200ドルかかる。これで問題解決だ——今すぐ始めればね。先に延ばせば延ばすほど、楽しみは減っていくぞ。他の学校も夏休みに入って、アトラクションには行列ができるだろうからね」

また、上司が重要な大口の顧客を持っていて、あなたがその顧客と仕事をしたいと思っているのならば、こう言おう。

「もしこの新しい顧客まで引き受けたら、予定していた休暇をとるのが難しくなるんじゃないでしょうか。夏まで私と2人で担当するのはどうでしょう。休暇中は私が引き受けます。担当者を増やさなければ、事態は悪くなる一方ですよ。家族や自分のための時間がとれなくなって、いいことがありません。相手の担当者のお名前はなんとおっしゃるんですか？」

感謝されるような「親切な思いやり」を示しながら自分も利を得るのだから、悪くない作戦のはずだ。

ときには、相手にとくに問題がない場合もある。バラ色というわけでもないが、深刻な問題や将来への不安に悩まされているわけでもないという「ごく普通」の状態だ。

そういうときは、人は何かを変えようというモチベーションが著しく低くなる。そのため、そうした状況では、まずは相手がニュートラルだと思っている状態が、じつはネガティブな状態なのだと知らせることから始めよう。

何もしなかったときに生じるネガティブな結果を説明するのだ。

「今はトラブルがないとしても、問題は世界が常に進んでいるということです。もしこのまま続けていたら、すぐに置いていかれてしまいますよ」

「今これを始めなければ、すでにやっている人たちに比べて不利になりますよ」

「本当にずっとそこで足踏みしていていいんですか？　残りの人生ずっと貧しい賃金労働者のままでいいんですか？」

などなど。厳しい言葉に聞こえるかもしれないが、よく言われるように「恋愛と戦争では手段を選ばない」――それは影響力も同じことだ。

使ってはいけない六つの地雷言葉

本書で学んでいる言葉のトリックは、人々の思考に向かって放たれる自動追尾ミサイルのようなものだ。しかし、交渉、会議、デート……どんな場面でも避けるべき言葉というものも存在する。一見害がないように思えても、実際に使うと、相手にあなたのことを意志が弱く、優柔不断で、流されやすく、話を聞くに値しない人物だと感じさせてしまう。

不運なことに、こうした心理的地雷となる言葉は、私たちが普段よく使っている言葉の中に潜んでいる。もし次のような言葉を聞いたり、自分が話したりしているのに気づいたら気をつけよう。

しかし

すでに述べたように、「しかし」は前の発言を否定する言葉だ。もし、こちらが、「あなたのことは助けたい。しかし……」と言ったら、本当は助けたくないのだと相手に伝わってしまう。発言の際にはできるだけ「しかし」という言葉を発言から外すか、前出の項目で学んだように順接の接続詞に置き換えよう。

ちなみに、相手が「あなたのことは助けたい。しかし……」と言ったら、最後まで言わせる前になんとか助けてもらえるような作戦に出るか、これ以上時間をムダにしないように諦めるか、どちらかを決断しなければならない。相手が「しかし」という言葉を使う限り、思い通りに動かすことはできない。

試してみる

この言葉には、わずかにではあるが、「成功しない」というニュアンスが含まれている。「これを学ぼうと試してみるのはいいことですね」には、「おそらくできないだろう、あるいは失敗するだろう」という響きがある。私たちはよくこの言葉を、「結果は保証できないがやる意志がある」というときに使う。「全力でトライしてみます」この言葉には、失敗する可能性が含まれている。

ところで、意図しない結果になっても、それは必ずしも失敗とはいえない。失敗だと思わなければ、失敗ではないのだ。だから考え方を変えて、より断定的な言葉を使おう。「可能な限り、学びたいと思います」や「力の限り、やりたいと思います」。それがどういう意味なのかは、自分で決めればいい。『スター・ウォーズ』のヨーダは言っている。「やるか、やらないかだ。試しなどいらん」

もし

シチュエーションによっては、「もし」という言葉も「試してみる」と同じように失敗のニュアンスを含んで聞こえる。「もしこれを切り抜けられたら、素晴らしいことです（しかし、それは難しそうですが）」

さらに、「もし」という言葉は、相手の提案に不満があるかのように伝わることもある。「もし私たちがこのまま続けたほうがよろしければ、木曜日に再開しましょう」。そう言うと、相手に考える余地を与え、取引の終了という決断に至る可能性がある。

相手の本当の気持ちを知りたいのなら適切かもしれないが、たいていは、丁寧な言い方をしようとして「もし」を使い、相手を間違った方向に導くことが多い。相手が取引を続けたいと思っているのは明らかだったのに、「もし」を使ったことによって、不必要に取引の是非を考える機会を与えてしまうのだ。単に丁寧に言いたいというだけなら、「もし」は使わず、シンプルに「木曜に続きをやらせてください」と言うほうがいい。

かもしれない、たぶん、おそらく

これらの言葉は、イエスもノーも意味しない。はっきりとネガティブでもなければ、はっきりとポジティブでもない。伝えたいメッセージが単にぼやけるだけだ。このような意味のない曖昧な言葉使いはやめたほうがいい。

～だったのに、～すべきだった、～すればよかった

こうした言葉は、言い訳がましく、泣き言のようにすら聞こえる。「こっちのやり方にすればよかった。そこまで考えておくべきだった。そしたら違う結果になっていたのに！」これらの言葉は、すべて過去形で使われる。

たしかに、正しい文脈で使われれば悪い言葉ではない。しかし、今のシチュエーションをうまく切り抜けたいなら、相手の意識を現在に保っておかなければならない。こうした言葉を使って相手を過去へ連れていってしまうと、現在に対する評価が悪くなる。あなた

の提案に相手が反応するのは、現在だけなのだ。

ない

「ない」という言葉は否定語だ。言葉の性質としては「打ち消し」の働きを持つ。だから、否定される前の肯定の状態を理解しなくてはならない。つまり、「ベーコンに巻かれたロザンヌ・バーのことは考えないようにしてください」と言ったら、まず「ベーコンに巻かれたロザンヌ・バー」とはいったい何なのか理解する必要があり――この時点ですでに相手は「ロザンヌ・バー」のことを考えることになる。「ない」をこのように使うと、相手に考えさせたくないことをかえって強力に植え付けてしまうことになる。意図とはまったく正反対の結果だ。

あなたが「競合他社の製品は、私たちの製品より優れたものではないのです」と言ったら、この文章を理解するためには、まず「競合他社の製品は、優れている」と理解するところから始めることになる。相手にそう考えさせるのは、あまり得策ではないだろう。

かつて、ある男に復讐をしたことがある。彼に少し興味を示していた知り合いの女性に、彼の家は綺麗で清潔だったと伝えながら、こう言ったのだ。「彼の浴室の排水溝も髪の毛がびっしりってわけじゃなかったよ」
その後、彼女が彼を避けるようになったのは言うまでもない。

第3章

権力のカラクリ

——応援されるリーダーはどこが違うのか

巨大なエゴを持つことこそが成功への鍵だと信じている人は多い。確かに周囲を振り回して頑固さを貫き通せば、自分の思い通りにはなるだろう。しかし、他人を踏み台にしながらトップに就くと、足を引っ張られる危険性も高まる。

本書を読んでもらうと、人間関係においては「エゴを捨てる」ことがいかに大切かという大きな教訓に気づくだろう。謙虚さはコミュニケーションにおいて非常に重要だ。

リーダーに向けられるもっとも一般的な不満は、リーダーが「自分は人より優れている」と思うだけでなく、「自分は偉いんだ」という態度をとることにある。偉そうに振る舞うのは古典的なパワーの示し方だが、いくら自分ひとりで王様だと宣言したところで、誰も忠実なしもべにはなってくれない。

本書は、「他人を大切に扱う」ことを原則にしている。仕事でも私生活でも、自分の思い通りに物事を進めるには、彼らが〝進んであなたを助けたくなる〟ようにしなければならないからだ。

周りの人を大切にすることによって、実際にあなたは自分だけが重要人物なわけではないと考えるようになり、人として多くのことを学ぶことができる。もしもあなたがパワーを持てたとしたら、それは周りの人たちが、あなたにパワーを与えてもいいと判断したからだ。そして、もっとも場を動かす効果的なパワーとは、周りの人々が義務感からではなく、自ら望んであなたに従うことで生まれるパワーだ。本物のパワーとは他者に「対して」行使されるものではなく、他者を「通して」行使されるものなのだ。

また、相手を意識して慮ることが大切になるのは、パワーを得るにつれ、他人の意思を読み取る能力が低下することが実証されているからでもある。偉くなると他人の顔を見ることが少なくなり、見ても相手の情報を真剣に汲みとろうとしなくなる。特にネガティブなことは見ないようになる。そんなふうに行動すると、誰かがあなたを批判しているような重大な情報を見逃してしまうのだ。

しかし、これから紹介するテクニックを駆使すれば、そうした事態に陥る可能性がずっと低くなるだろう。

頼み事に小さな付箋メモを付ける

どんなに大きな権力も、きわめて小さな戦略から始まる。誰かに助けてもらいたい、調査に協力してもらいたい、もしくはお願いをきいてもらいたいと思うときは、**そのお願いが「個人的」なものであればあるほど、引き受けてくれる可能性が高くなるということを知っておこう。**付箋のメモで「協力ありがとう、○○より」と書いておけば、効果は抜群だ。これは超低予算で最大の効果を発揮する秘密兵器となる。

付箋の影響力が大きいことは、すでに証明されている。黄色い付箋に手書きでメッセージを書くと、何もしないときに比べて、お願いをきいてくれる可能性が2倍以上も高まるのだ。付箋を付けずにアンケートの用紙を渡すと、35パーセントの人しか回答しないところ、付箋を付けると75パーセント以上の人が答えてくれるようになる。

しかも、付箋に「ありがとう」と書き、「自分の名前」をサインすれば、記入する人の割合はさらに跳ね上がる。それだけでなく、付箋を付けなかったときに比べて記入した内容も詳細で、分量も多くなり、期限内に提出する人の割合も多くなる。

この理由は考えてみれば当たり前のことだ。誰かが個人的に手間をかけたと感じるほど、人は進んで協力したくなるからだ。むしろ、人に自ら「協力したい」と思わせるのが、これほどわずかな手間だけで済むということが驚きではないだろうか。相手に求める手間に比べて、付箋に手書きでメモをする手間などずっと少ないにもかかわらず、相手は気にしない。さらに、あなたの依頼が他の部署からの膨大な書類に紛れてしまいそうだとわかっているなら、なおさら手書きの付箋は目立つし、優先される可能性が高くなる。

たとえば、恋人に食器洗い機の中の食器を片付けておいてほしいときは、冷蔵庫に付箋を貼り付けておこう。「食器洗い機を空にしておいてもらえるかな？　今朝は時間がなくて。ハグ！　あなたの恋人より」

あなたの研究仲間に退屈な論文を読んでほしければ、付箋を付けてこう書こう。「これ読んでもらえないかな？　協力ありがとう！　アレックスより」

数ある書類から、上司にあなたの書類を優先して見てもらいたいときには、派手なピンクの付箋にこう書いておこう。「ご要望の書類です！　お手数をおかけしますがよろしくお願いします！　ミニー」

これらは簡単で些細なことだが、頼み事をきき入れてもらう可能性が倍増する、きわめて小さくて効果的な戦略だ。しかも偉そうでもなく、むしろ好感度が上がることを覚えておこう。

「目に見えない贈り物」をすると「忠誠心」が返ってくる

人には、「物をもらったら、お返しをしたくなる性質」がある。雑誌にはシャンプーのサンプル、スーパーでは試食コーナー、企業はロゴのついた無料のペンや手帳を配る。これらはすべて、「お返し」を期待して配られている。実際にあなたは、サンプルで試したシャンプーを買ったり、サンプルを配っている店員の話を聞いたり、その会社のサービスを使い続けたりすることで、恩返しをしてきたはずだ。

しかし、この方法は少なくとも商売の世界で長い間使われ続けたため、効果が薄くなってきている。最近ではフリーのサンプルも増え過ぎて、もはやありがたみを感じなくなり、お返しをしようという気持ちすら起きなくなっているのではないだろうか。私たちは、そのサンプルというカタチの贈り物が「商売上の戦略」だと認識し始めているのだ。

とはいえ、原則が間違っている訳ではない。人間心理においては、お返しの気持ちを刺激する方法は今も強力なテクニックだ。ただし、「物を与えること」にこだわり過ぎるとうまくいかない。

というのも、人々がほしいのは、「物」ばかりではないからだ。たとえば誰かからの「強い関心」や「忠誠心」のほうが、ポイントはずっと高い。重要なのは、相手にあげるものの値段ではなく、相手が「何に価値を置いているか」「何を求めているのか」である。

そして、もっとも価値を置いているのが、**こちらが手間と時間と関心を傾け、「相手のことを特別にずっと考えている」と感じさせることだ。**

だから、ささやかながら気持ちが入った贈り物、たとえば相手がなかなか入手できずにいたお気に入りのサラミを購入して贈ることのほうが、ネックレスのような誰もが考えつく高価な贈り物よりもずっと効果がある。

実際の「物」ではなく、時間と手間をかけた象徴的なものでもいい。

たとえば悩んでいる同僚に、ランチをおごるというようなことだ。些細なことに感じるかもしれないが、この行動はお返しの気持ちを呼び覚ます効果があると同時に、自分にとっても有益だ。ランチをおごるのは簡単だし、たいしてお金もかからない。にもかかわらず、誰にも邪魔されずに関係性を深める素晴らしい方法なのだ。

お返しの気持ちを呼び覚まして個人的関係を深める方法は他にもある。たとえば、相手に情報を与えることだ。食事をしながら、相手がほしそうな何かのコツやアドバイスを伝えてもいい。一部の人しか知らない新しい投資の話を教えたり、業界の最先端に導くような新しいソフトウェアのことを教えるのもいい。相手がネタとして使えるような「トリビア」を伝えるのだ。

ＩＴビジネスをしている私の友人は、すべての顧客にある本を配布している。本は「物」だが、ポイントは本の中にある「情報」だ。

その本の中には、彼らが提供するＩＴサービスを使って出費を抑える方法が事細かに書かれている。友人の会社ではすでにその本を何百冊も無料でプレゼントしているが、興味深いのは、その本が最大の競争相手の会社から出版されていることだ。彼らが配る一冊一冊は、彼らのライバルの収入にも広告にもなっている。

しかし私の友人はあることに気づいていた。ビジネスに関する有益な知識を広くシェアすることは、ライバル企業を無料で宣伝することを補ってあまりある大きな価値があるというのだ。無料で本を配るようになってから、ライバル企業に移った顧客はどれほどいたと思うだろうか？

ゼロだ。

このＩＴ企業は、秘密にしておけたはずの（そして、より新しいサービスを売ることで利益を生んだはずの）情報を利他的にシェアすることによって、顧客たちの信頼を勝ち得て、契約を続けるという「お返し」をもらっているのである。

このような、「個人的」で「相手のことを思った贈り物」をすることによって、相手は自らお返しをしてくれるようになる。無料のペンを配るよりはるかに効果的な方法なのだ。

「贈り物の価値」は渡し方で変わる

前の項目を読んだからといって、形のある贈り物すべてに意味がないとは考えないでほしい。贈り物は素敵なことだし、人に好かれるための古典的な方法でもある。

ただし、贈り物をさらに効果的にする方法はいくつかある。もちろん、値段は効果とは関係がない。ポイントは、贈り物をするときの「意思表示」だ。相手を特別扱いしていると感じさせ、予期しない贈り物をすることだ。

相手を特別扱いしているということは、つまり**誰にでも同じものを贈っていると感じさせないことだ。**休日が明けて出社したときに、全員の机に同じプレゼントが置かれていたら、その贈り物は特別なものにはならない。しかし、あなたの机だけに置かれていたり、いつもはプレゼントなんてないのに今回だけあったら、それは特別なものになる。

なにも贈り物はひとりだけにしろと言っているのではない。しかし、相手に「特別だ」

と感じてほしければ、他の人にもあげていることを悟られてはいけない。つまり、ひとりひとりに対して別々に配るべきなのだ。

形のある物を渡す場合、渡し方はいくつかある。もっとも簡単な例は、相手に「個人的な贈り物」をすることだ。相手のニーズに合った贈り物で、できれば手渡ししよう。直接会えなかったり、遠方にいたりするときは、どうしてその人に贈り物をしたのか、少なくとも手書きのメモを添えよう。「これ昨日お店で見かけたんだけど、どういう訳か君のことを思い出したんだ。だから、君に！」と書いてあったときほど、嬉しいものはない。

こうした「特別」で、「個人的」で、「予期しない」贈り物の効果は、レストランの客に対して二通りの状況で行われた実験により、科学的にも立証されている。

あるレストランで、スタッフは客に対してコーヒーと一緒にチョコレートを2個渡す。ただし、コーヒーを運んだらすぐにチョコをソーサーに置くグループと、先にチョコを一つソーサーに置き、その場を去ろうとしてから、考えを変えたかのように振り向き、思いついたようにもう一つチョコをソーサーに置くという二つのグループにわけられている。この場合、後者の行動をとったスタッフのほうが、平均してはるかに多いチップを受け取る結果となった。

ポイントは、すべての客が同じ数のチョコレートを受け取っているという点だ。**唯一の違いは、どうやって渡されたかである。**

初めから二つ置かれると、誰にとってもチョコ二つが普通なのだと感じる。しかし渡す側がちょっとした演技をすることで、先程挙げた三つの条件を満たすことができる。二つ目のチョコは、「特別」に考えた、「個人的」な、「予期しない」贈り物になる、というわけだ。

つまり、誰かにプレゼントする際に、単なる感謝だけでなく「お返しをしなければ」と感じさせたければ、**「何を」渡すかではなく、「どう」渡すかがはるかに重要なのだ。**

他にも私たちは、まったく間違ったやり方で贈り物をしているときがある。贈り物を脅しの一種として使っている場合だ。何かをしてくれるなら、何かをしてあげる、というふうに。

「今日洗濯してくれるなら、明日は僕がするよ」

「料理をしてくれるなら、ワインを買ってきてあげるよ」

確かに効果はゼロではないが、別のやり方をすればさらに効果が上がる。

自分が何をしたかを先に言って、それからお願いごとを言うのだ。

「今日は僕が洗濯をしたから、明日はお願いできるかな？」

「夕食にワインを買ってきたよ。食事の準備をしてくれるかな？」

まちがっても、「今日は僕が洗濯をしたから、明日は君がやるべきだ」などと言ってはいけない。「罪の意識」に訴えてしまうと、相手は感謝できなくなる。

あなたが伝えるべきメッセージは、以下の3点だ。

・今日僕は頼まれもせずに、これをやった。
・それは君にとっても得なことだった。
・お返しに君もやってくれる？

単に語順を変えるだけで、強迫めいた言葉を、個人的な優しさに溢れた言葉に変えることができる。それはどんな賄賂《わいろ》よりも相手のモチベーションを刺激するものなのだ。

誰かに借りができたときは、できるだけ早く返したほうがいい。

なぜなら人に親切なことをしたという認識は、時間とともに変わっていくからだ。

誰かに親切なことをすると、時が経つにつれてどんどん大きなことであったかのように感じ始める。何気なくやった小さなことでさえ、時が経つと何かとても重大で美しい行為であったかのように感じ始める。

一方で、相手に親切にされたときは正反対のことが起きる。時とともに、その重大さが薄れていくのだ。

あれほど自分にとって重要だった相手の手助けが、振り返ってみると、必要なかったんじゃないかとすら感じられるようになる。自力でもなんとかできたんじゃないかと。

だから、感謝の気持ちを忘れないうちに、借りは早く返したほうがいい。

共通点があると影響力が格段に上がる

人は明らかに自分とタイプの違う人よりも、親近感を覚える人の話に耳を傾け、信頼する。「親近感を覚える相手」とは、「自分と似た行動をする人」である。この「似ている」という感覚は、無意識レベルで感じるものだ。

人は1分間に話す単語の数が自分と同じくらいの人を、より尊重する傾向にあると証明されている。また、自分と同じようなペースで動く相手のほうに親近感を覚えやすい。そのような相手に好意を持つ理由は、**あなたがその相手の内に「いちばん好きな人」、つまり「自分自身」を見い出す**からである。

このため、互いの共通点を示すことは、信頼を獲得するための一般的な戦略となっている。世界中で、旅行者からぼったくろうとする連中があらゆる言語で挨拶できるのは、このためだ。連中は「効果があるから」覚えたのだ。

実際、ギザのピラミッドの下で物売りに話しかけられたアメリカ人観光客が、「ニュージャージーに友だちがいる」と言われたら、少なくとも興味は持つだろう。その物売りから金メッキのラクダの置物を買ったとしても私は驚かない。

個人的なことであれば、共通点はなんでもいい。同じ誕生日であれ、同じ名前であれ、共通点さえあれば、何を依頼しても、赤の他人よりずっと聞き入れられやすくなる。通常、5回のうち2回のところ、5回のうち4回は聞いてくれるはずだ。助けるには「同じ名前だから」という理由だけで十分なのである。**自分と似ている人への忠誠心とは、それほど強い。**

ただし、間違いなく相手を思惑通りに動かしたい場合は、個人的な共通点があると伝えるだけでは足りない。2人にしかない、特別な共通点を見出さなければならない。

被験者にある特定の人物の話を聞いてもらい、その影響力を調べるという実験があった。被験者は三つのグループに分けられており、特に何も知らされていないグループは、48パーセントの確率でその人物の発言に影響を受けた。二つ目のグループは、自分たちがその人物と同じタイプの指紋を持っており、その指紋の特徴は一般的なものだと伝えられた。彼らは55パーセントの確率でその人物の話に影響を受けた。この二つは大きな差ではない。

しかし、そのタイプの指紋を持つ人は世界で2パーセントしかいないと伝えられた三つ目のグループは、86パーセントもの確率で影響を受けた。

つまり、たとえ共通点があったとしても、それが「2人だけの共通点」でなかった場合は、そこまで強く影響しないのである。**同じ共通点を持つ人がたくさんいればいるほど、つながりは弱まり、少なければ少ないほど絆は強くなる。**誰かに影響を及ぼしたければ、個人的で特別な共通点を見出して、相手に告げると効果的ということだ。

初対面で必ず好意を持たれる振る舞い方

私は何年にもわたって、短い期間で相手と良い関係を築くテクニックについて研究し、伝授してきた。良い方法はたくさんあるが、共通する問題がひとつある。それは、自分の行動に全力で注意を払わなければならないということだ。それが故に、「初対面の相手とリラックスした関係を築く」という、本来の目的から逸れてしまう。

そこで、私はもっと良い方法はないかと長年考え続けてきた。そしてついに、一瞬で親密な関係を築き、相手に自分の話を聞いてもらい、自分のことを好きになってもらい、思惑通りに動いてもらう最短の方法は、単に**「すでにそうした関係であるかのように振る舞う」**ことだと気づいた。

多くの場面でこの方法は大きな効果がある。話している相手が長年付き合っている親友だと想定すると、ボディランゲージや話し方が変わってくる。

もし、最近入ってきたばかりの上司との関係を親友であるかのように想像できれば、現実にそうであるかのように行動することができるようになる。ボディランゲージも、表情も、声のトーンも、使う言葉も、親友に対してするような親しみのこもったものになる。

すると相手もこれに無意識に反応し、実際よりも互いのことをよく知っているかのように感じる。**あなたの態度がわずかでも変わると、関係全体に大きな効果を与えるのだ。**

ただし、ひとつ覚えておいてほしいのは、この行動は相手に少し変だと思われる可能性があるということだ。

というのも、相手はあなたとは初めて会ったばかりだとよくわかっていて、あなたの行動は初対面の人に対する振る舞いをはるかに逸脱しているからである。

だから、相手が戸惑いを見せたら、親友であるかのように振る舞うのは止めたほうが得策だ。そのまま続けると、馴れ馴れしすぎたり強引すぎる人物のような印象を与える恐れがある。

たとえば、アメリカのバラク・オバマ元大統領がイギリスのデービッド・キャメロン元首相にハグをしたら、少し変だ。なぜなら、どちらかというと違った政治的イデオロギーを代表するふたりは、一定の礼儀正しい距離を保つのが自然だと誰もが思うからだ。

そのため私は初めて会う相手を、「よくお茶をする相手」だと思い込むようにしている。スマートかつカジュアルな出会いを実現させるには、非常にいい距離感だ。よく会っている相手であるかのように話せれば、相手もリラックスして、ほどなく本当にお茶に誘ってくる可能性も高まる。

ウザくならない相づち

女性に好意を伝える簡単な方法は、あなたが彼女と同じものを好きなこと、あるいは同じ経験をしたことがある、と伝えることだ。とはいっても、彼女が何か言った後すぐに「僕も！」と言うやり方はセンスがないし、悲しい結果を招きやすい。

たとえば、あなたが口を開くたびに相手がしきりに割り込んできて、あなたと同じものを好きだと言ったら、イラつくだろう。

「私はラザニアが大好きで……」

「僕も！」

「……だからメインストリートのイタリア料理屋がお気に入り……」

「僕も！　金曜に行ったよ！」

「……だったんだけど、今はもっぱら野菜を食べてて……」

「僕も！　昨日からベジタリアンになったんだ！」

こんなふうに振る舞う人間は、軽蔑の眼差しを向けられ、深いため息をつかれる。

しかし、ある程度相手に話を合わせることは、好意を勝ち取る上では正しいやり方だ。重要なのはタイミングであり、**相手が話し終えるまで2人の共通点の話をするのは我慢することが大切**なのだ。

会ったばかりの相手が、偶然にもあなたが毎年行っているフランスのカルヴィでの休暇について話し始めたり、あなたの趣味でもあるサンゴ礁の広がる海でのスキューバダイビングについて情熱的に話し始めたり、『ライオン・キング』を観てあなたと同じくらい涙を流していたとしても、相手が話し終えるまでは黙って耳を傾けよう。

相手が話し終わってから、いかに興味深かったか伝え、その理由は自分にもまったく同じ経験があるからだと言えば、ことあるごとに自慢するタイプではなく、思いやりのある人物だと印象づけることができる。それに、相手はあなたが自分の話を奪おうとしなかったことに気づいて感謝するだろう。先の人物のように、早く馴染もうとがんばり過ぎている、不安でいっぱいの新人のような印象を与えることはない。

逆に自分が話すときには、相手が関心を持ちそうな話題を考えて、自分の経験を語るといい。こちらが指摘するより、相手自身に共通点を発見させたほうが、ずっと関係が強くなる。以下の二つの違いを見てみよう。ジルは会合でアルバートと出会ったとする。

ジル「車でアメリカを旅行しているとき、この素晴らしい小さなレストランで食事をしたの。このラク……」

アルバート（熱狂的に）「ラクーンシティ！　僕も行ったことがあるよ！　うわ、なんて偶然だ！　いい街だよね！　傘なしでは外を歩けないこと以外はね、ハハハ！」

ジル「……」

1週間後、ジルは研修セミナーで会ったレオンに、再び同じトピックを持ち出す。

ジル「車でアメリカを旅行しているとき、この素晴らしい小さなレストランで食事をしたの。ラクーンシティという小さな街でね。あまりパッとしないけど、あのレストランは象徴的な50年代スタイルのダイナーで、いつも焼きたてのアップルパイが置いてあった。昔の映画の中にいるような気分だったわ。とてもいい街ね」

レオン（親しげな笑みを浮かべて）「聞いてよ。じつは僕も行ったことがあるんだ、といっても何年も前の話だけどね。メイン通りの角のレストランだったでしょ？」
ジル「そう、そこよ！　あなたも行ったことがあるなんて信じられない！」
レオン「素晴らしい街だよね。四六時中傘を持ってなきゃいけないのが玉に瑕《きず》だけどね」

アルバートとレオン、どちらにジルは強いつながりを感じるかおわかりだろうか。ジルが親近感を覚え、助けてあげたいと思うのはどちらの人物かを考えてほしい。

「他者目線の世界」を意識する

共感とは他人の感情を推し量る能力のことだ。相手を頭で理解することと、感情レベルで関係を築くことの両方を指す。

人はみな自分の思考の中を生きていて、他人になることはできないため、自分の気持ちや感覚をもとにして世界を解釈せざるを得ない。そこで忘れがちなのが、同じ物事に対しても、人が違えば感じ方も違うということだ。

あなたと私がまったく同じ状況、たとえば土砂降りの雨の中でジェットコースターに乗っていたとしても、感じ方は違うはずだ。私は顔にぶつかる雨粒が痛いと感じているが、あなたは急降下するときに顔の辺りまで浮き上がったポケットの中身に意識を集中しているかもしれない（それ以上に、私はトイレに行きたくて、あなたは行きたくなかったかもしれない）。

共感とはこれを理解する能力のことだ。少しのあいだ、相手の気持ちになれる能力のことである。同僚やパートナーの意識はどこにあるのか、相手は今何を見ているのか、何を聞いているのか、何を感じているのか、相手の価値観や信念は何なのか、相手の1日はどのようなものだったか、そしてこれらすべてが相手の気持ちにどのように影響しているか。こうしたことを真剣に考えてみることで、相手のことがよりよく理解できるようになる。本人以上にその人のことが理解できる可能性さえある。

それと同時にあなたの行動も相手にとって理解しやすく、共感しやすくなり、相手は関係を持ちたいと思うようになるだろう。なぜなら相手の視点で世界を眺めるうちに、あなたの考え方が相手に似てくるからだ。

さらに、共感的な行動をとることで、2人の間の緊張を緩和することもできる。**「緊張」とは、「相手に誤解されている」と感じるときにしばしば生じる**ものだ。こちらの発言を相手が誤解していると感じるのは、人間関係においてもっとももどかしいことのひとつだ。

そして、誰からも信頼される人というのは、「思いやりのない上司」や「身勝手な恋人」にまつわる恐ろしい話をたくさん聞かされることになる。人は、共感してくれる人に話を聞いてもらいたいと感じるものだからだ。

まず最初に、相手の「自己イメージ」を分析する必要がある。「自分をどういう人間だと思っているか」を理解することが、相手を理解する上でいちばん重要なことだからだ。おそらく相手の自己イメージは、あなたが抱く相手のイメージとは異なるだろう。

たとえばAdobeのイラストレーターを使える同僚に、新しいロゴのデザインを依頼したとする。その同僚がいつまでたってもデザイン案を出してこなかったとしたら、あなたはその同僚のことを、仕事ができない怠け者だと考えてしまうだろう。そこであなたは相手を怒ったり叱ったりする。

しかし、ここで相手の自己認識を理解した上で共感力を用いると、彼女が自己嫌悪に苦しんでいることに気づくことができる。すると状況はまったく違って見えてくるはずだ。

彼女は怠け者なのではない。自信のない彼女は、自分のアイデアが良くないと言われることを恐れているのだ。だから提出を先延ばしにしている。こうした場合は、彼女を責める代わりに、君のデザインが好きだと伝えよう。あなたが自分を理解してくれているとわかれば、彼女はすぐに提出してくる。

また、あなたの自己イメージも周りの認識とは違っている可能性があることを忘れてはいけない。誰かのいざこざに巻き込まれたとき、自分では落ち着いて、偏見のないプロフェッショナルなやり方で処理していると思っていても、周りの人からすれば攻撃的で、頑なな偏見を持ち、とても非効率なやり方をしているように見えるかもしれない。

どちらが正しいのだろう？　どちらも正しいかもしれないし、どちらも正しくないかもしれない。

大切なのは、誰が正しいかは問題ではないということだ。あなたは本当に偏見のない、プロフェッショナルなやり方をしたのかもしれない。しかし、もし人があなたのやり方を意地悪で不公平なものだと感じていたら、それが事実となる。

何が起きているかを決定するのは周囲の人の認識であって、あなたの認識ではないのだ。周囲の認識次第で、これからの人間関係が決まる。

では、他人が自分のことをどういう人間だと思っているかを知るにはどうすればいいだろう？

それは相手の自己イメージを理解するときの方法と同じだ。共感する力を使って、相手の立場に立って自分自身を眺めてみる。そうしないと、自分が冷淡で、他人行儀なリーダーだとか、掃除用具室で女の子の服を脱がせたいと考えるような人物だとか、その両方だと思われていることもわからないのだ。

相手の自己イメージとこちらについて抱いているイメージを知り、それに合わせてコミュニケーションを調節することができれば、人々はあなたを信頼でき、いつも相手のことを理解しようと努める思いやりのある誠実な人だと思うようになる。そのような信頼感が与えてくれる影響力は、今後の人間関係を大きく変えることになる。

1回タメると「効果的な挨拶」になる

気持ちいい挨拶には、微笑みが不可欠だ。だからこそあなたも挨拶には微笑みを添えるようになったはずだ。もしかしたら、相手に良い印象を与えるため、意識的に努力すらしているかもしれない。

しかし、それは止めたほうがいい。

新しい友人や同僚と挨拶をするときには、単に「良い印象」を与えるだけで満足するのはやめよう。相手に、この出会いには「特別な意味がある」と思ってもらう方法がある。

感じはいいにしても、**大きく印象に残らない挨拶と、温かくて心が込もった特別な挨拶との違いは、タイミングにつきる。**

今度初対面の人と挨拶をすることがあれば、会った瞬間に笑顔を顔に貼り付けるのではなく、久し振りに会った親友のように挨拶してみよう。そういうやりとりは、その後の関係性を親密なものに導きやすい。

久し振りの友人に会ったとき、あなたはどのような挨拶をしているだろうか。最初は相手を思い出せず、思考がぐるぐるまわり始める。

「誰だっけ……この人知ってるな……どこで会ったっけ……よく行くデパートで働いてる人だっけ？　違うな……あっ！　昔バーでよく会ってた人だ！　久し振り！」

この思考の動きは、表情から手に取るようにわかる。まず、相手のことがはっきりとわからず訝しげな表情になる。それから、誰だか気づくと、大きく、親しみのある微笑みが浮かぶ。

人と挨拶をするときにこれを使うと、相手は単に「良い印象」を受け取るだけでなく、あなたとの出会いが強く印象づけられる。**「自分に会えて嬉しいから、この人はこんなに笑顔になったのだ」と感じ、自分は特別に扱われていると感じる**だろう。

具体的な方法はこうだ。しばらく相手の顔を精査するかのように見る。そこで少しタメを作る。アイコンタクトは続けたままだ。そして誰だか気づいた瞬間に大きな笑みを顔いっぱいに広げ、相手に笑いかける。

電話でも同じテクニックを使うことができる。私的な電話を受けたとき、あなたはどのように応えているだろうか？　相手が誰だかわからないときは、ニュートラルな声で出るだろう。相手が誰だかわかって、しかもそれが親しい友人だったとき、初めて感情が変化する。「もしもし、誰……あ！　久し振り！　元気？」

このテクニックは、仕事で電話に出るときにも使える。どこかのお人好しにならって、陽気な声で電話に出るのは止めよう。

代わりに、フレンドリーではあるものの、ニュートラルな声で出る。そして、相手が名前を言ったら初めて、大きな笑顔が伝わるような声で話すのだ。「ターディス・エンタープライズのマットです……ああ、モイヤさん！」。温かく、柔らかで、明るい声が彼女だけのためであること、そして特に彼女からの電話を受け取って嬉しいと伝えることが大切だ。

本来、挨拶をすることは相手を思惑通りに動かすようなことではない。しかし、場を支配したり、相手に思い通りに動いてもらうのは、自分だけでは実現できない。

大切なのは、相手に自らあなたの力になってやりたい、と思ってもらうことだ。そのために、あなたは相手に好かれる人間になる必要がある。それも「かなり」好かれる必要がある。

自分が心から好意を持つ相手はなかなかいないのと同じように、心から自分の存在を喜んでくれる相手もなかなかいない。そういう相手の言うことには、進んで応えたくなるものだ。

小さなことを覚えておくと「特別な人」になる

最近、友人がマジシャンの会合に行ったのだが、しばらくすると「最悪の気分だ」と言いながら帰ってきた。これまで会った中で一番不快な人々だったという。それはなぜか？「彼らの誰1人として、私の家族がどうとか、妻がどうとか聞いてこなかったんだ。彼らはただカードのトリックのことばかり話していた」……どうやら、会合の参加者には「社会常識」というものがなかったようだ。

私たちは誰もが自分の人生という映画の主役である。その映画には、自分にとっては大事だが他人にはそうではない「小さなこと」がたくさんある。たとえば、子どもに新しい歯が生えたとか、朝食をヨーグルトからゆで卵に変えて体調がよくなったとか。それから世界中に知ってほしいような「大きなこと」もある。新しく子どもができたとか、新しい仕事を得たとか、学校を卒業したなどのライフイベントだ。

こうした自分にとっての大事件に周りの人が関心を示してくれないと、自分がないがしろにされたように感じて、イライラする。なぜこんな人生の一大事が、周りの人にとって重要でないのか理解できないのだ。相手もまた大小さまざまな出来事に満ちた自分の人生を生きているのだが、そこには想像が及ばず、勝手に周りの人間は冷たくて他者に無関心な人たちだと感じてしまう。

しかし互いの理解を深めるためには、**相手にも相手の人生があることを知らなければならない。**私たちは、相手の人生の出来事にもっと神経を使うべきだ。相手が今取り組んでいるプロジェクトや配偶者の名前など、相手に対する心からの関心を示さなければならない。

周りの人は、あなたが自分の夫や、妻や、子どもたちの名前を覚えていたら喜ぶし、むしろ当然のようにそうであってほしいと期待している。しかし、相手の「大きなこと」を覚えていても、さほど大きな点数稼ぎにはならない。彼らはそれを当たり前のことだと思う。自分の人生の一大事だから、他人がそれを重要視しても不思議に思わない。しかし、先の会合でのマジシャンのように、**相手のことにまったく関心を示さなかったら、大きな減点となってしまうのがやっかいなところだ。**

一方で、小さなことを覚えておくと、驚くほど人から好かれるようになる。なぜなら、あなたの思う「小さなこと」とは、当事者からすればとても大切なことだからだ。

同僚やクラスメートが、少し前に始めたあなたのダイエットは順調にいっているかと聞いてきて感動したことはないだろうか。あるいは、前に会ったときに比べてあなたの子どもの歯が何本くらい増えたか聞いてきて感動したことはないだろうか。「こんなことまで覚えていてくれたなんて！」と。

小さなことを覚えておけば、この人は自分を大切に考えてくれるんだと思われるようになる。相手にスポットライトをあて、主役になってもらうようなイメージだ。このように扱われるのは、誰でも嬉しい。

だが一つだけ、ちょっとした問題がある。一体どうやったら、周りの人の些細なことを覚えていられるだろう？

簡単なことだ。並外れた記憶力など必要ない。携帯電話か小さなメモ帳を持っていればいい。よく名刺を交換するような業界なら、ペンだけでもいい。

誰かに会い、相手の人生の出来事を聞いたら、後で簡単にメモを取っておこう。名刺の裏に書いてもいいし、小さなメモ帳に書いてもいいし、あるいは私の場合、携帯電話の連絡先のメモ欄に入力している。ちょっとしたメモで十分だ。「パートナー＝リンダ。子ども＝1歳。歯」もしくは、「朝食はヨーグルトの代わりに卵」。これで十分。次にこの人と会うとき、あらかじめこのメモを見ておいて、話題にしよう（携帯電話に入力していれば、電話するときにも表示される）。

もしかしたら、どこか不誠実で小手先のテクニックだと思う人もいるかもしれないが、決してそんなことはない。むしろ、相手のことを大切に思うからこそ、忘れないようにメモをする。相手に大きな敬意を払っているが故のことなのだ。

結果として、相手もあなたに好意を持ち、喜んであなたの思い通りに動き、感謝もしてくれる。悪くない作戦だろう？

褒めるときにオチをつけない

人間関係において、相手を褒めることほど効果的なものはない。もちろん、「お願い、これやっておいてくれないかな、君は僕よりずっと上手だから……」などとおだてて願い事をきいてもらうような古典的なやり方とは違う。

人を褒めたり称賛したりするのに、うまいやり方と下手なやり方があるが、不思議なことにほとんどの人が下手なやり方をしている。褒めることがどれだけ効果的か自覚していないのだ。残念なことではあるが、あなたにとってはとてもラッキーなことだ。以下のテクニックを知っているだけで、その他大勢と差をつけられる。

第一に、**褒めた後ですぐ批判したりしてはいけない。絶対にダメだ。**褒めるときは褒めることに徹しよう。批判を加えることを我慢できれば、あなたはその他99・9パーセントの人々と一線を画すことができる。というのも、私たちには、どうやら批判を加えずに褒めることができない心の障壁があるようなのだ。

「君の書いた本は素晴らしかったね、第4章はあまり好きじゃなかったけど」

「素晴らしいパーティーだったけど、もっと酒を買っておけばよかったかもね」

「君の書いた報告書は良かったよ、けど、少し長かったね」

誓って言うが、**あなたが指摘するどんな欠点も、相手はすでに自覚している。**

個人的には、こうして自分の意見を挟んでしまうのは、「認められたい」という欲望と深いところで結びついているからではないかと考えている。批評家や編集者のように自分の見解を披露できる機会に恵まれている人はごく一部であるため、多くの人は何かの折に批判的な意見を示して、「きちんと考えを持って物事を深く分析できる人物だと見られたい」と思っているのだ。

そしてまた、自分よりも誰かのことを優れていると認めるのは恐れを伴う。だから、単に相手の努力を認めるのではなく、批判を加えることで、自分は何にでも一家言ある知的な人間だと示したいのだ。

ところが**皮肉なことに、批判をしないほうがずっと人として格が上に見える。**正直に心から「なあ、あのパーティーは素晴らしかったよ」とか「君の新曲は最高だ」と言って止めておけば、生涯の友ができるだろう。

ちなみに、心からの賛辞を贈るときには、一般的な言葉は避けたほうがいい。「昨日の夜は楽しかったよ」とか、「その服似合っているね」程度では、相手を喜ばせはするものの、効果は薄い。代わりに、「わあ、この海賊がテーマの飾り付けは最高だね。パーティーにムードを添えている」とか、「その服すごくよく似合っているね。僕が君なら毎日着たいくらいだ」のように、具体的に褒めるといい。こうした褒め言葉だと、内容が伴っているだけでなく、相手に自信を与えることができる。彼女は海賊の装飾に力を入れたことに誰も気づかなかったら……と不安に思っていたが、褒められたことで、自分は正しかったと自信を持つようになる。服が似合っているか自信がなかった彼も、今は堂々とできる。すると、彼らはあなたに、自然な流れでとても強い好意を抱く。

また、**褒め言葉は相手の欠点を改善させる際にも使える。**相手の欠点を指摘したり、ネガティブなフィードバックを与えることなく、改善を促せるのだ。

たとえば、あなたの上司が次のように言ったとする。

「そうだな、全体的に君の新しい報告書はとてもよくできていると思う。しかし、いくつかの部分が不明確でわかりにくかったな」

上司は賛辞と批判の両方を言っているのだが、言われたあなたはどちらのほうを覚えているだろうか？ 恐らく批判のほうだろう。第2章で説明したとおり、順番の問題だ。**不満の前に伝えられた賛辞は頭に残らない。**上司の望み通り、次の報告書ではより明確にしようと試みるだろうが、それはネガティブなものが動機になっている。

これに比べて、上司が次のように言ったらどうだろう。

「そうだな、全体的に君の新しい報告書はとてもよくできていると思う。人事に関する部分が一番いいな。すごく明確でわかりやすい。こんなふうに書いてくれれば、君の適性がどこにあるか私にもよくわかるよ」

どう聞こえるだろう？ 良い報告書だったし、特定のパートに上司はとりわけ満足している。自然と、あなたは次の機会に「他のパート」ももっと明確に書こうとするだろう。得られる結果は前の発言と同じだが、ここには重大な差がある。この例では動機がポジティブなのだ。あなたは上司（あなたの長所を見出せる賢明な上司）をもっと喜ばせるために作業にとりかかろうとしている。ポジティブな動機のほうがはるかによい報告書が書けるし、快適な職場環境になるのは間違いないだろう。

だからこそ、**苦手な分野で頑張った人には賛辞を送るべきだ。**適切な褒め言葉で自身に対する期待値を高めてあげよう。ネガティブな批判を避けるためでなく、ポジティブな結果に向かって努力するよう促そう。

さらに、相手も気づいていないようなことを褒めて、相手をまったく新しい方向へ成長するよう促すことだってできる。部下は報告書の最初の数行の書き方など全然気にしていなかったとしても、上司がこう言うと結果がまるで違ってくる。

「素晴らしい報告書だ！　すぐに本題へ入るイントロダクションが特に気に入った。よく事実を捉えてる。報告書の始めと終わりをこんなふうにすれば、他のどの報告書よりも多くの人に読まれるだろうね」

思いもよらない賛辞を受けた部下は、きっと何度もそのイントロダクションを読み返し、どこが良かったかを考え、これまで以上に報告書の始めや終わりに気を遣うようになるはずだ（報告書の例はこれが最後だ、我慢してくれてありがとう）。

相手が納得するようにその長所を説明できたら、相手はきっとそれを伸ばそうと努力す

なる。

おさらいしてみよう。批判をせず、正直に心からの賛辞を贈ることで、相手のセルフイメージを高めるだけでなく、あなたは彼らから好意を持たれ、話を聞いてもらえるようになるだろう。本当に素晴らしかったかどうかは関係ない。

また、特定の行動を褒めることによって、相手の欠点を改善したり、あなたが望むように成長させたりすることができる。しかも、誰の気分を害することもなく達成できる。

地元の議員や、宗教的リーダーや、高校の意地悪な数学の先生といった古いタイプの指導者は、精神的強迫をするような回り道を好むが、あなたは太陽の降り注ぐ高速道路を選ぶことができる。どちらも結果は同じだが、時間と労力は大きく異なる。ほとんどの人が近道で気分のいい高速を選ばないのを見て、私は驚いている。

せっかくの賛辞に必ずと言っていいほど批判を含めてしまい、すべてを台無しにしている人は大勢いる。しかも自動的に、無意識に、悪気なく行っている可能性が非常に高い。

こうした無意識の行動によって、彼らは相手の行動に影響を与える素晴らしい機会を自ら逃していることになる。彼らだってあなたと同じ、自己顕示欲を抑えて心から相手を褒める勇気を持ちさえすれば、すべてを変えられるのに、だ。

「助けてあげた人」を好きになる心理とは

後ろ向きに聞こえるかもしれないが、相手を思惑通りに動かす際に役立つテクニックとは、ひとえに「相手に助けを求めること」である。

ほとんどの人は、断られると思い込んで、人に助けを求めない。しかし、多くの研究からわかっているように、実際は断られると思い込んでいるにすぎない。私たちが考えるより、人は親切なのである。

私たちがこのことに気づいていない原因は、助けを求めるという行為にかかる「社会的プレッシャー」を考慮に入れていないせいだ。人は、できることなら誰のこともがっかりさせたくないと思っている。その誰かが目の前に立っているなら、なおさらだ。ノーと言わなければならないときの気まずさやストレスなら、誰もが知っているだろう。あなたに限らず、誰しも人の頼みを断るのは難しいと思っているのだ（少なくとも普通の共感能力を持っている人なら、ほとんどがそう感じる)。

しかし自分が助けを求める際は、ノーと言ったときの「相手の気まずさ」より、イエスと言ったときの「相手の負担」のほうに注意を向けてしまいがちだ。相手の時間や労力のことばかり考えて、断ったら相手が感じるであろう「気まずさ」のことは忘れてしまうのである。

多くの場合、**相手にかかる時間と労力は、助けを断ったときに失う社会的代償(あの人は不親切な人ね、と思われること)に比べれば大したことはない。**

また、私たちは頼み事の大きさを気にしているが、それは違う。簡単なことなら引き受けてくれるだろうと思いがちだが、大切なのは断ったときに失う社会的代償がどれほど大きいかであって、頼み事の大小はほとんど関係ないのだ。

助けを求めるとき、私たちは自分が受ける恩恵と同じくらい相手が犠牲を払っていると考える。誰かにプロジェクトに協力してもらったら、その人は本来別のことをしているはずの時間を使って手伝ってくれたのだ、申し訳ない、と思いがちだ。しかし、これは間違っている。実際は、頼まれた側は楽しんで協力していることも多い。

私たちはただ、断られた経験を記憶の中で誇張してしまう傾向があるだけなのだ。しかも実際よりひどく誇張して記憶しているため、何かをお願いするのをためらってしまう。これでは損だ。私たちは文化的に相手を助けるようにプログラムされている。たとえそれが、今やっていることを中断して手伝うものだったり、面白くなさそうなことであったりしても、だ。

人に頼み事をする際にもっとも大切なのは、タイミングだ。相手が疲れきってしまう前に頼むよう心がけよう。1日の始めは、エネルギーが満タンで、自分の業務以外のことを頼まれても困らない。一方で1日の終わりは疲れてきて、今とりかかっていることを終わらせたいと考えるため、自分の作業を中断して新たな課題（あなたの手伝い）にエネルギーを振り絞ろうとは思わない。

夜には誰も手を貸してくれないという意味ではないが、**朝よりは少し難しくなるだろう。**しかしながら、夜ではあっても社会的プレッシャーはある。良い例として、私の友人Mを紹介しよう。Mは人に頼み事をするのがうまいことでよく知られている。

私たちは営業時間が長いことで有名な、ストックホルムのホテル・スチューレプランのサンドイッチバー「サンディーズ」にいた。

すでに夜中を過ぎていて、カウンターで働いていた24歳の女性は疲れており、細かい注文を引き受けてもらうには理想的とは言えない状態だった。しかし、Mは気にせずやり始めた。

「棚に飾られているフルーツティー以外の紅茶をくれないかな？　香りは強くなくて、アールグレイのようなものはある？」

女性はため息をつき、棚を物色し始めた。ようやくホコリにまみれたアールグレイの袋を見つけたとき、Mはそのティーバッグをただ持ってくるのではなく、10秒お湯に浸してから持ってきてほしいと頼んだ。Mは薄い紅茶が欲しかったのだ。この時点で、出会ったばかりの我が友人Mは、こだわりのある人物なのだと私は気づいた。しかし、それはまだ始まりに過ぎなかった。

その後女性は、Mの頼んだサンドイッチを持ってきながら、「こちらにはフルーツの料金も含まれています」と言った。カウンターに置いてあるリンゴとバナナのカゴから好きなものを選べるというのだ。彼以外の人なら、カゴからフルーツを選んで満足したことだろう。しかし、Mは彼女に「オレンジはないか」と聞いた。

カウンターの向こうにいる彼女はフルーツの入ったカゴを指差し、「そこにあるものしかない」と言った。

彼はもう一度聞いた。「どこかの棚にオレンジが入っていたりしない？」私は目を疑った。無言のまま、彼女はオレンジを探し始めたのだ。結局、信じられないことに、彼女はオレンジを一つ見つけ出し、Mの求めに応じて夜中の1時半に、皮をむきだしたのである。

Mが、散々いろんなことを要求した挙げ句に「皮をむいてくれ」と言い出したときには、私は彼女が怒るのではないかとビクビクしていた。何かしかるべき説明をしないと、彼女が警備員を呼んで私たちを追い出すのではないかと。

そこで私は大きな声で、彼女にも聞こえるように、「アレルギーなんだよな？　オレンジの皮に触ると発疹でも出るのか」とMに聞いた。答えはノーだった。彼はただ、オレンジの皮が手に残す「ベタベタした気持ち悪い感じ」が好きではなかっただけなのだ。

私としては、Mはその夜、社会的に許容されるギリギリの行動をとっていたように思うが、決して無礼ではなかった。何かを命令した訳でもない。彼はただ微笑んで、頼み事をしただけなのだ。そして、彼はオレンジの皮をむいてもらっただけではない。**オレンジを受け取るとき、彼女の笑顔まで受け取った。**

これまで自分が見逃してきた機会を振り返ってみてほしい。

かけなかった顧客への電話、誘わなかったデート。それらはただ、私たちが次のような言葉を聞いたらイエスと言いたくなるようにプログラムされていることを、知らなかったからできなかったのだ。「手伝ってくれませんか？」

お願い事をして、好きになってもらう方法

そうはいっても、いつも助けを求めていたら、長い目で見て相手にけむたがられると思うのではないだろうか？　しかし、真実は逆だ。**私たちは助けを求めてくる人が好きなのだ。**助けを求めない人よりも、求める人のほうを好むものなのだ。

そのことを明らかにした実験がある。その実験は、「報酬ありで、ある調査に協力する」というものだった。この調査自体は架空のものである。そして、調査終了時、片方のグループにだけ、協力を依頼した研究者自身がお願いをする。「じつは……お金を返してほしいんです。自腹で払ってきましたが、お金に余裕がなくなってしまって」

別のグループには、何も言わずにそのまま帰ってもらった。

すると興味深いことに、後の追跡調査では「お金を返してほしい」と言われたグループのほうがその研究者に共感的になり、より良い評価をした。二つのグループの意見の差は、

たったひとつの違いからきている。片方のグループに「研究者が助けを求めた」という違いだけだ。

これはつまり、**助けを求めたほうがいい印象になる**ということである。これは、自分の印象を損ねる行動をとらざるを得ないときに使える手だ。もしくは、子どもたちに（あるいは仕事仲間に）オンラインゲームを半年間禁止したり、仕事で部下を叱ってしまったりしたときに使える。

概して、フォローするときには相手の頼み事を聞いたほうがいいと考えがちだ。相手の頼み事を聞き、自分がいかに思いやりのある好意的な人物であるかを表現したほうが、相手に与えた感情のトゲが抜けるだろうと。

しかし、実際は逆だ。なぜなら、手助けをすると相手に「負い目」を与えてしまうことにもなるからだ。だから、**自分の行動を埋め合わせるために人を助けるのは、やめたほうがいい。**

代わりに、できるかぎり謙虚に振る舞うようにしたほうがいい。少し意地悪な態度をとった後でも、助けを求めると、相手はあなたのことを自己中心的な人物ではないと感じる。

もしも相手の得意分野で助けを求め、相手が快く引き受けてくれたなら、「みんな君が一番得意だってことは知っているし、君なしじゃできないんだよ」と強調するといい。さっき叱った相手ですら、これでまた好きになってくれる。

このテクニックは、扱いの難しい相手にも使える。まるで王様のように振る舞い、人の話には耳も貸さないような相手と一緒に仕事をしなければならないとしよう。そんなときは彼に頼み事をするといい。頼み事は大それたものではなく、たとえば彼の本棚にあった『スライサー』の初版本をほしいと思っていたけど、手に入れられなかったから貸してほしいと言うだけでいい。社会的なプレッシャーによって、この頼み事は受け入れられるだろう。もし貸してくれなくても、単に振り出しに戻るだけであなたは何も失わない。

だが、もし貸してくれたなら、あなたの印象は変化する。あなたが相手を動かしたのだ。相手は無意識に次のようなことを考えるはずだ。「こいつのことは嫌いなはずなのに、なんで親切にしたんだろう？　もし本当に嫌いなら貸す訳がない。もしかしたら俺は、こいつのことをそんなに悪く思ってないのかもしれないな」

こう考えるようになるのは、**ポジティブな印象の人に対してするような行動をとらせた結果である。**誰も、嫌いな人の頼みに手を貸そうとは思わないので、自分を納得させるために好きだと考えるようになるのだ。そして、もちろんその後の関係はずっとスムーズになる。

私の言うことが信じられなければ、エイブラハム・リンカーンに聞いてみればいい。これは彼が敵を懐柔し、後の交渉で要求をのませるために使っていたお気に入りの方法だ。

「些細なこと」こそお礼が大切

　これまで、褒めたり助けを求めたりといった一見「下手に出る行動」が、いかに人間関係において効果的に働くかを見てきた。しかし、こうした行動のうちで軽視されがちなのが「感謝を伝える」ことだ。私たちは、「感謝の力」を利用しきれていない。せいぜい「ありがとう」と言うくらいだ――ランチバイキングに並んでいるときにプレートを渡してくれたとか、ドアを開けておいてくれたといった具合だ。

　しかし、多くの人は、「心の込もった感謝」に秘められたパワーを忘れている。正しく行えば、感謝は大きな効果を発揮する。

　たとえば「ありがとう」と言われたとき、言われた人の脳内では「何に対してのお礼なのか」の推測が始まる。「プレートを渡したからだな」とか、「ドアを押さえてあげたからだな」など、もっともわかりやすい理由を探す思考回路をたどり、納得する。ところが、相手が細かい理由付きで感謝してきたらどうだろう？　もっと真剣に受け止めるようになるのである。

だから、**相手が予期しない理由で感謝すると効果的だ。**相手の行動を見て、手間をかったうえで感謝していると示すことは、大きな影響をもたらす。

プレートを取ってくれた例でいえば、いつものありふれた「ありがとう」の代わりに、「取り忘れているのに気づいてくれてありがとう！」と言おう。これはプレートを取ってくれたことへの感謝ではない。**「自分に注意を払ってくれてありがとう」**と言っているのだ。具体的な「相手の行動」にふれながら感謝するのは、個人的な、感情の伴った感謝の表れである。この違いは、心理学的にとてつもなく大きい。

いったんそう考え始めると、毎日どれほど周囲の人に感謝しなければならないかに気づくだろう。待っていてくれてありがとう。こんなに早く仕上げてくれてありがとう。時間を割いてくれてありがとう。私が忘れていたことを覚えていてくれてありがとう。参加してくれてありがとう。相手の何に感謝しているのかを明確にすると、相手の目立たない行動に注目していたことが伝わり、自分が相手を気にかけていると感じさせることができる。

さらには相手がすでに確信していること――自分は素晴らしい人間である――を追認す

ることで、その認識はやがてあなたにも返ってくる。自分のことを素晴らしいとわかってくれるのだから、あなたも素晴らしい人に違いない！　そしておそらく頭もとてもいいのだろう！　というように。

そうやって、相手はまたあなたの話を進んで聞くようになる。何かもめ事に遭ったとしても、きっと彼らはあなたの側につくだろう。

自分のスペースを広くとる人物は、扱いやすい権力者

物理的に大きなスペースを占めれば占めるほど、権力を持っているかのように見える。私たちはこれを本能的に知っている。だからこそ古典的な「パワー信者」は、会議室のテーブルに広々と紙を広げて、他の者にほとんどスペースを与えないようにする。

立って話すときは、腕を広げて手をテーブルの端に置き、指もできるだけ広げて、説教をしているかのような態度で臨む。飛行機に乗っているときは、急に体が大きくなったかのように隣の席にまで足を伸ばし、隣の人を壁際に追いやる。そして彼らはいつもひじ掛けを占領する。

ミーティングに行ったときや、会社で新しい人に会うときは、相手がメモ帳や、携帯電話、ノートやiPad、パソコンや、カバンなどで自分の陣地を主張しているかどうか、確認するといい。こういった人物は物を持っていないときでさえ、できるだけ自分の場所を

確保しようとする。彼らは、**自分があなたよりも重要な人間だと示そうとしている**のである。彼らは自信たっぷりに振る舞い、自分が状況をコントロールしていることを示すためなら何でもする（逆のこともまた真実である。ひじを腰につけ、手を太ももに置き、身を縮めて座っていると、地位が低く見える。スペースを確保する勇気がなく、誰からも注目されたくない人物に見える）。

さらに主張が強い仕草としては、足を開いて立ち、手を腰にあてて仁王立ちするポーズがある。親指は後ろ、４本指は前にあり、肩は正面を向いている。男性がこのように立って、ジャケットやコートの胸を開けるように着ているときには、態度の大きさを示している。「ここを仕切るのは俺だ。絶対に意志を曲げないぞ」と示しているのだ。試しに鏡の前で真似して立ってみるといい。私の言っている意味がわかるはずだ。

しかし、ほんの少し姿勢を変えると、まったく違う意味を持つ。**腰の手を、位置はそのままに、親指を前、４本の指を後ろにしてみよう。**肩が上がり、背中が少し丸まるはずだ。この姿勢だと特に支配的には見えなくなる。代わりに、興味を持って話を聞く姿勢に見える。「なになに、今度は何だって？」という姿勢だ。違いは些細だが、明白だ。

こうしたテクニックでパワーを誇示するのは古いスタイルである。実際、これよりはるかに効果的で賢明なテクニックがたくさんあるからだ。とはいうものの、相手の仕草には注意をしておいたほうがいい。気が向いたら、彼らパワーテロリストとの攻防に身を投じてもいい。しかし、機内でのひじ掛けをめぐる攻防に身を投じたことがある人ならわかるはずだが、そうした戦いはまったく無意味だ。

どういう訳か、ある種の人々は誰に対しても自分の優位を示したがる。彼らは自分が望むほどにはパワーを持っていないため、スペースを確保することによってパワーを補い、確固たる地位を得たいと願っているのだ。あるいは実際にパワーを持っていて、それを自分の内に秘めているだけでは物足りず、周りの人間にも示したいと思っているのかもしれない。

理由はどうあれ、相手がそういう振る舞いをしたら、あなたにも勝機が訪れる。こうした相手は、自分のエゴを愛でてもらい、ご飯を食べさせてもらい、オムツを変えてもらいたいと心から願っている。だから、あなたは相手に好きなだけ陣地を与えてやればいい(自分が完全に消えてしまわない程度に、という意味だ。敵対しなければ、放っておいてもこちらの陣地は残される)。そうすれば満足するのだから。

そして、シンプルに相手のパワーを認めるような言葉をかければいい。たとえば先週のプレゼンは素晴らしかった、などと伝えるのだ。その後で、**自分の提案をまるで相手のア**

イデアであるかのように説明するとすぐに通る。

たとえば、あなたはダイナソー博士を自分のプロジェクトに加えたいと思っているとする。しかし、権力者は他のプロジェクトが手薄になるからと言って博士の参加に反対している。そんな彼には「あなたが一番優秀だ」と感じさせながら誘導するといい。

「こんな複雑な状況でも切り盛りしているあなたは本当にすごいですね。あなたのノウハウからすれば、これは私たちがどうやって博士を借りるかの問題ですよね。まったくもって賛成です。あなたはきっと、他のプロジェクトがあとどれくらいで終わるか把握していて、ダイナソー博士が加わればこちらのプロジェクトも締め切り前に終わることがわかっているのでしょう？　そろそろ具体的な日程を教えてくださいよ」

気が向いたら、事が進んだあとで、彼にもっと言葉の褒美をあげてもいいだろう。むしろ扱いやすいタイプだとわかるはずだ。

「もっとも大切にしている信条」を聞き出すには

自分の墓石について想像し、そこに何を書くか想像するというセラピーがある。

これは、自分が人生で何を一番大切にしているのかを知るためのドラマチックな方法であり、その理想から自分が今どれくらい離れた距離にいるのかを知ることができるメソッドだ。そしてもうひとつは、影響力の心理においてどう行動するかを決めるための情報を手にすることができる。

人にどんな墓碑銘《ぼひめい》にしたいか聞いてみると、答えるのが想像よりもはるかに難しいとわかる（多くの人は日常の哲学的話題として興味を持って考えてくれるだろう）。まずは、あなた自身の墓碑に何を書くか考えてみてもらいたい。クールな男？　愛こそはすべて？　人に尽くした女性だった？　キング・オブ・コング？

自分に問いかけてみると、付随してさまざまなものに思いを馳せることに気づくだろう。

そこにどんな共通点があるのか、少し時間をかけて考えてみてほしい。多くの場合、この問いから生じる会話はとても興味深く、個人的なものになる。

　そのため、質問するときには自分から先に明かすことが重要だ。自分なら何と書くか、そして、理由はなぜか伝えること。あまりにも個人的な内容の会話は、よく知らない人との間ではぎこちなくなるときがある。そうした場合は、ディナーやパーティーの余興のように、一緒にいるメンバー全体に問いかけてみよう。

　相手が墓碑銘に何を書きたいか知ったら、必ずそれを覚えておくこと。相手は自身も気づかないうちに、**自分がもっとも価値を置いていることの一つをあなたに伝えている**のだから。

　もし財務部のカービィが墓碑銘に「地上でもっとも親切な人間がここに眠る」と書くと言ったら、あなたは彼の最優先事項が「親切だと思われること」だとわかる。

　もしバーテンダーのディッコが「優れた科学者がここに眠る」と書くと言ったら、彼にとって一番大事なのは研究者として成功することだ。本当に彼が優れた研究者かどうかは関係がない。

　この時点で、これから教える言葉のマジックを使うために必要なすべての情報がそろう。

しかし、マジックを使うのは、少し時間がたってからのほうがいい。この会話の後にすぐマジックを使うと、さっきの情報を使っていることがバレてしまう。

ここでのポイントは、**あなたが自力で相手の一番大事にしていることを発見したと感じさせること**である。だから、1週間か2週間、可能ならそれ以上待って、相手が墓碑銘の会話をすっかり忘れた頃にするといい。

時がきたと思ったら、まずいつものように褒めるか、ありがとうと言って感謝を伝えよう。それから、あの墓碑銘の会話から得た秘密の情報を投入しよう。

「助けてくれてありがとう、あなたは世界で一番親切な人ですね」もしくはこうだ。「このカクテルは最高においしいですね、あなたはバーテンダー界のスティーヴン・ホーキングだ！」

こうすれば、相手のお気に入りの美点を直接褒めることができる。こういうとき、いくら誘惑にかられても、余計なことを付け加えるのはやめよう（「ほら、この前墓碑銘にそう書くって言ってただろう？」というようなことだ）。

これは誰にでも効果のある強力な褒め言葉である。

他人からの賛辞は、どんなときに聞いてもこの上なく気分がいいものだ。そのうえ、あなたが褒めているポイントが相手の思う「自分の最大の長所」と同じだったとき、相手は心に矢が刺さったような気分になる。

あなたが相手の深い部分を理解しているというだけでなく、相手とまったく同じ部分に価値を置いていることの表れだからだ。これ以降、相手は喜んであなたのどんなお願いや提案にも従うようになるだろう。

「本当の願い」は言葉の裏にある

私たちは普通、自分たちが「本当に求めているもの」について意識していない。自分ではわかっているつもりでも、なぜそれを求めるかについてはわかっていない。

だから、相手が無意識に望んでいるものを知ることができれば、相手が一番求めているものを与えることができる。すると、相手はお返しにあなたの望みをかなえてくれる。

あなたが何かを提供する立場だとしよう。製品でも、サービスでも、意見でもいい。しかし、あなたはただ提供するだけでは終わりたくない。将来も顧客や投票者になってもらうため、提供したものに深く満足してもらい、あなたに感謝してもらいたいと思っている。

この場合、相手の求めるものを特定し、**あなたがいかに相手の基本的欲求を満たすことができるかを伝えるといい。**以下の質問から始めよう。

「あなたが（買いたいもの／受けたいレッスン／デートしたい相手、に）一番求めることは何ですか?」

相手の答えは必ずしも真実とは言えない。たとえばこんな返答があったとしよう。

「うまくなりたいからゴルフのレッスンを受けたいの」

この時点で、相手の「目標」はわかる。しかし**「目標」と「基本的欲求」は違う。**そこで次のステップは、「なぜ」ゴルフをうまくなりたいか聞くことだ。なんの理由もなく行動する人はいないため、必ず答えが返ってくる。たとえば、「ゴルフのスキルは仕事で必要なのよ」などだ。

これで、ゴルフとは何の関係もない価値観が姿を現した。しかし、まだその価値観を支える「欲求」が見えてこない。こうした場合は、もう一度「なぜ」と聞いてみよう。なぜゴルフがあなたの仕事にとって重要なのだろう?

「職場のおじさんたちがみんなゴルフをするから。それにゴルフのうまい人たちのほうが、役員たちから尊重されてるの」

ビンゴ!

彼女の本当の願いは、「職場で尊重されること」だ（本当の願いは、声や表情に感情が出るためすぐにわかる）。ゴルフの上達は「手段」にすぎない。ここでは、相手が満たしたい基本的欲求を二つ発見した。「社会的受容」と彼女自身の「状況のコントロール」だ。

ここからが、腕の見せどころだ。

あなたは彼女の「本当の望み」を知っている。もしあなたがゴルフレッスンの営業マンなら、彼女がゴルフ狂の役員たちとより良い関係を築くためのアイテムをプラスすることで、契約してもらえるはずだ。

たとえば、会社のデスクに置けるようなアーノルド・パーマーとのサイン入り写真を渡す。もしくは、金の額縁に入った派手な証明書やトロフィーを渡す。レッスンの内容とは関係がないものでいい。とにかく彼女のゴルフが上達したことを示せるようなものを渡そう。ゴルフ好きが素通りできないようなもので関心を引けば、ほどなく彼女も役員と話すチャンスを得るだろう。

もし、相手の真の望みを知ってもどうやって満たせばいいかわからないときは、次の質問をしてみよう。

「どうすれば目標を達成したことになるのですか？」（どういう状況になると役員たちから尊重

されていると言えるのでしょうか?)

こちらが具体的に聞くほど、相手の答えも具体的になってくる。たとえば「より多くのミーティングに呼ばれること」などだ。

順番を整理すると、

1　まず、相手が満たしたいと思っている本当の願いを特定する。
2　そして、自分は相手の願いを叶えるものを提供できると説明する。
3　あなたが提供するものは彼女がまさに求めているものであり、あなた以外は誰もそれを提供できないと言う。

あとは同意してもらうだけだ。そこで、こう言おう。

「これで役員から尊重されるんですから、私たちのレッスンを受けませんか/英国製の靴を買いませんか/僕とデートしませんか?」

言葉を換えるとこうなる。「私はあなたの本当の願いを満たせますよ。契約したくなりませんか?」このように、相手がノーと言えない種類の質問をすればいい。

それでも断られたら、あなたが発見した「本当の願い」は間違っていたか、願いは正しくても、行動への説得材料が足りていないのかもしれない。

だが、その場合は最初に戻ってやり直せばいいだけだ。

「職場で尊重されることの他に、ゴルフレッスンが重要な理由はありますか？」

やがて、必要な回答はすべてそろうだろう。

このテクニックは、やり取りに1分もかからないシンプルな質問を2～3回するだけにすぎない。相手が人生でもっとも大切にしていることや基本的な価値観、あるいは信念を特定できれば、それを満たすことを強調して、回答をコントロールできる。

質問の仕方さえわかっていれば、いつでも相手にイエスと言わせることができるはずだ。

もう後は「イエス」と言うだけ、という土壇場で、突然交渉相手から反対意見や質問を受けることがある。やっぱり自分の本当にほしいものかどうかわからないとか、もっといいものがあるのではないか、と聞いてきたりするケースだ。

こういう場合、多くの人は諦めてしまうが、それは間違っている。反対意見を言うからといって、必ずしも不満があるわけではない。それどころか、反対意見が出るのは、相手が真剣に関心を持っていることの表れなのだ。

考えてみてほしい。まったく望んでもいないものを誰かが売ろうとしてきたとき、あなたはその製品の詳細について質問したり批判をしたりするだろうか？

そんなことはほとんどない。あなたはただ、「興味ありませんので」と言って電話を切るだけだろう。

相手が質問をし始めたら、それは相手が詳細や補足情報を知りたいと思っているからで、すべてを把握しておきたいだけだと理解しておこう。このときすでに、相手はあなたにイエスと言いかけているのだ。

タイプ別、説得するときの言葉の選び方

人を説得したいとき、次の選挙で自分に投票してもらいたいとき、テレビを買ってもらいたいときなどは、相手が何を考えているかをいかに素早くつかむかが鍵になる。

相手を説得するコツは、相手の考えに沿うように提案することだ。

もちろん、人にはそれぞれの考え方がある。それでも、どういう質問が適切かさえわかっていれば、相手自身が答えを教えてくれる。

●相手に合った説得法を見極める

まず、相手がどう説得されたいのか知ることだ。そのために、相手が関心を持っているとわかっているものについて質問してみるといい。

「どうやっていつも面白い本を見つけるんですか？」

このようなシンプルな質問をすると、実にさまざまな回答が返ってくる。「見ただけでわかる」と答える人もいるかもしれないし、「誰かに薦められたから」と言う人もいるだろう。「読み始めないとわからない」と言う人も、「二度読んでやっといい本だとわかる」という回答もあるだろう。

相手は、本を見分けるときに「自分の経験」を頼っているか、「誰かの話」を参考にしているか、それとも「広告」で判断しているのか。この答えによって、その人が決断を下すときに何を頼りにするかがわかる。

これで、相手の好きな情報はわかった。次のステップは、どういう言葉を使って、それを伝えるかだ。そこには注意すべきことが三つある。「行動の特徴」「選択の方法」そして「比較の基準」だ。

「プラスを得る」か「マイナスを避ける」か

人々が自分の行動をどのような言葉で説明するかによって、彼らの選択の動機が、「良いものを得ようとしている」か「悪いものを避けようとしている」かがわかる。

前者なら、「到達」「達成」「解決」「実行」そして「目標」などについて話す。

後者の場合なら、「回避」「逃れる」または「免れる」ことを話す。相手の使う言葉に合わせて、こちらも言葉を選ぶといい。

もし彼が「もっと選択肢がほしい」（良いものを得ようとする動き）と言ったら、「私が議長に選ばれた暁には、全員にチャンスを与える」と約束するとか、「このテレビなら見たい番組がすべて見られる」と言うべきだ。

しかし、「この混乱状態を回避したい」（何かを避けようとする動き）と言ったらどうすべきだろうか？　ここで「秩序や安定を確立する」と約束するとか、「このテレビは長年使える」と言ってはならない。それらは「何かの獲得」に向けた表現だからだ。

代わりに、あなたが議長になったら、「今のひどい計画に何らかの手を打つと約束する」とか、「このテレビは古いモデルのようにひどいメニューシステムは使わなくなった」と言うのがいい。つまり、何かを避けたり、取り除いたりする動きだ。微妙な言葉遣いの違いだが、大きな意味がある。

「選択肢」か「機能」か

どのように選択するかも知りたいところだ。相手は多くの「選択肢」を欲しているだろうか、それとも多くの機能（事実）を知りたがっているだろうか？

こういう場合は、新しいカメラを買うとしたら、どのように決めるかを聞くといい。複数の選択肢の中から最善のものを選ぶと言ったら、あなたも複数の選択肢を用意して提案するべきだ。一方で、もし彼がネットでリサーチしてから決断すると言ったときは、複数の選択肢を用意してもあまり意味がない。そういう相手は複数の選択肢がほしいのではなく、独自のこだわりのあるタイプで、自分の求める「ある特定の機能」が搭載されているかどうかを確認している。

機能重視の人には、あなたが議長になったときに行うつもりの計画のリストを見せたり、新型テレビの技術的詳細について語ったりするのがいい（多く選択肢を持ちたい人にとっては、このアプローチはあまり喜ばれないことも覚えておくこと）。

「共通性」か「差異」か

最後に、相手がものを比較検討する際の基準も知る必要がある。そこで、たとえば新しいテレビと古いテレビの違いは何か？　といった質問をして、相手の返答を聞いてみるといい。「大きな違いはいくつかあるが、基本的には同じだ」と答えるか、それとも「基本的には同じだが、いくつか大きな違いがある」と答えるかによって、「他の選択肢との共通性」に焦点を当てるか、「他の選択肢との違い」に焦点を当てるかを使いわけて提案すればいい。

「もちろんこのテレビは素晴らしいですが、技術的な面から言ったら他社のテレビとほとんど同じです。ただ違うのは、このテレビは3D対応で、音声認識と動作感知機能がついているところです」というように説明すると、共通性が強調できる。

あるいは反対に、共通性がありながらも、違いのほうに焦点を当てるとこうなる。

「このテレビは、他と違ってHD画質の3D対応であるだけでなく、音声認識と動作感知機能もついています。もちろん、他と同じような普通のテレビとしても機能しますよ」

「NO」のサインは仕草に出る

相手があなたに「YES」と言うときは、問題は起きない。あなたの思惑通りに相手が動き、相手もそれを喜び、満足感を抱いているのなら問題ない。

問題は、「NO」と言うときだ。心理学的には、できる限り「NO」と言われることを避けなくてはならない。何度も誰かに「NO」と言われていると「野暮な人間」に見えてしまい、気をつけないと陰でウスノロ扱いされる羽目になる。

プロの交渉人は、仕草を見て、相手が「NO」を口にする前の兆候を読みとる。こうしたサインに注意を払うことで、「NO」と言われる前に、会話を軌道修正することができる。相手が「NO」と言って自らの意見を強化してしまわないかぎり、こちらには言い直したり、意図を明確にするチャンスが残っている。「YES」に変えることもできる。

相手の通常時のネガティブな反応を確かめるためには、相手が「NO」と言うであろう質問をするといい。『スター・ウォーズ』の新作は待ち遠しい？　ワン・ダイレクションのファン？　などなど。

一風変わった質問であってもかまわない。ネガティブな反応を引き出すためならば、ちょっと変な人だと思われてもいい。重要なのは、回答ではなく仕草だ。仕草を知ったら、交渉に移ろう。質問に答える「直前」の瞬間にこそ、もっとも興味深いサインが表れる。とくに発言とは矛盾するようなサインが表れるときには注意が必要だ。

相手が「あなたの提案は興味深いですね」と答えながら、ネガティブな仕草をしたら、あなたの提案は十分ではなかったということだ。もっと気に入ってもらえるように、何か加えるか、新しい提案を考えなければならない。

反対に、相手が「NO」と答えながら、通常の振る舞いを見せたら、あなたの提案が実際は許容範囲内だということを示している。ただもっと値引きしてほしいとか、さらなる譲歩を引き出したいとか、あるいはおごってほしいとか、そうしたものを引き出せる余地を探っているだけだ。ここは踏ん張りどころ。相手はすでに基本的にはあなたの提案に同意しているのを隠しているだけなのだから、がんばれば通る。

ちなみに、一般的なネガティブサインは、次の通り。

掻く

突然、鼻や、首や、腕を掻き始める。これは自分をなだめようとするジェスチャーの一形態だ。不安を感じたときや、緊張したときに起こる。詳細は後で説明する。

両手で触る

掻く動作のバリエーションのひとつで、両手で鼻や、首や、両腕を触り始めるというものがある。

ペンをカチカチ鳴らす

ペンを繰り返し鳴らす人がいる。何度も続ける場合もあれば、一度繰り返して終わることもある。この動作に慣れている人は、押しボタンのついていないペンを持っていても、鳴らす動作をしているときがある。

タップ・ダンサーとレッグ・スインガー

タップ・ダンサーは両足を前後に動かし、レッグ・スインガーは片足を前後に動かす。この振る舞いは2人の間にテーブルがあると目撃しづらい。けれども、足を動かすときは上半身も動くので、そこからも判断することができる。足を前後に動かしているときに、上半身がまったく動かないことはあり得ない。

電気椅子

座り心地が悪いかのように、何度も座り直す人がいる。何かを言われそうになるときに動くことが多い。

これらのサインはすべて同じ。ネガティブな気持ちを表現している。落ち着きなくナーバスな表現であればあるほど、相手は居心地の悪さを抱いている。

あなたはプロの交渉人と同じことをすればいい。観察をして、会話の方向を変えるべきかどうか見極めるのだ。交渉時には、**一度でも相手に「NO」と言わせないよう、注意しよう。**

緊張と不安をあらわすボディランゲージ

何かに不安になったとき、私たちは知らず知らずのうちにそのサインをネガティブな仕草に出してしまう。このネガティブなサインは見えにくいが、見極められるかどうかは重要だ。見極められれば、相手が心細くなったり、不安になったときにすぐ察知できるようになる。**そうしたサインは、言葉よりも雄弁だ。**

たとえば、あなたがある同僚について語りだしたとき、聞き手が不安のサインを見せたら、彼らの間に複雑な問題があることがわかる。また、出荷の状況を聞いたときに取引先が不安のサインを見せたら、事態は相手が言っているほどうまく進んでいないことがわかる。

では、その魔法のサインとは一体どのようなものだろうか？　それは「タッチ」だ。

無意識のうちに不安や恐れを感じると、人はいつもより自分に触る（タッチする）ようになる。理由は簡単だ。赤ちゃんの頃、両親が抱っこしてなだめてくれたからだ。そして、赤ちゃんの頃の記憶を呼び覚ますだけでなく、**体を触ると神経の末端を刺激することになり、ストレスホルモンの分泌を抑えられる**からだ。

これは人間だけでなく、すべてのほ乳類に当てはまる。つまり、誰かに触られると心がなだめられるだけでなく、体全体が落ち着くのである。その場に触ってくれる人がいなければ、自分で触ることでリラックスするように行動する。

このセルフタッチはさまざまな現れ方をする。そのひとつが掻くことで、前項で紹介したものだ。他に一般的なものとして、手で顔をなでる、腕をさする、髪をいじる、などがある。唇を噛んだり舐めたり、耳たぶを触ったり、顎をさすったりすることもある。そして不安を感じたときのもっとも一般的なセルフタッチが、首を揉むか触ることである。女性は首の下、両鎖骨の延長上にあるくぼみ（頸切痕《けいせっこん》）を触ることもよくある。この仕草はなぜ男性よりも女性に一般的なのかはわからないが、単純に女性の服のほうがこの部分が露出していることが多いからではないかと思う。**顔を触るのは男性のほうが多く、首を触るのは女性のほうが多い**のも同じ理由かもしれない。

もちろん男性も首を触るが、男性は手全体で首を締めるかのような形で触ることが多い。他には、おでこを触ったり、頬を触ったり、深いため息をついて息を吐き出す、などがある。

こうしたセルフタッチが心理的状態を表していることは、なんとなく気づいている人が多いだろう。アクセサリーをいじりながら、ネックレスやネクタイの位置を直しながら、服のホコリを払うふりをしながら、ちょっと自分の体に触れるようにしているのは、よく見るだろう。また、映画でプレッシャーを感じている登場人物がこうした仕草をするのはよく目にするはずだ。

何であれ、相手の不安を特定する際は、細心の注意を払うに越したことはない。注意深く質問をして確かめよう。「お金の話題になると、何か問題があるように感じます。何か私に協力できることはありますか？」相手がこの申し出を受け入れたら、２人は同盟関係を築いたことになり、相手はお返しに喜んであなたを助けてくれるだろう（ときに、感謝とお返しの気持ちは渾然一体となっている）。そのときは何も起こらなくても、少なくともあなたは後々役に立つかもしれない重要な情報源を手に入れたことになる。

特定のトピックが出たときではなく、あなたと会っている間ずっと相手がセルフタッチをしていて、それが彼女の通常の状態でないとしたら、彼女の不安の原因はあなたの存在そのものだ（タッチや会話の内容によっては、無意識の誘惑とも考えられるのだが、その違いは見分けられるはずだ）。

その場合、あなたは少し後ろに下がって相手にスペースを与え、これまでとは違ったボディランゲージを使ってみて、違いが出るか確認するべきだ。相手をナーバスにするのは、もっとも避けなければならない。

唇からストレスを読み取る

「NO」のサイン、不安のサイン、そして知っておくべき三つ目のサインが、相手の発するストレスのサインである。

もっともわかりやすいものの一つに、ストレスを感じると唇を結ぶという仕草がある。ストレスが軽いときは軽く唇を結び、ストレスが強いと唇が見えなくなるほど真一文字に結ばれる。これは、何かがうまくいっていないことを示す確実なサインであり、懸念の表れである。

これは、ストレスを受けるとすぐに表れる1～2秒ほどのサインだ。新しいクライアントと契約書の詳細をつめていて、相手がある部分では唇を結び、他の部分では結ばなかったら、その特定の部分に何か懸念を抱いていることがわかる。この場合は、先々で難航することのないよう、立ち止まって該当部分を注意深く検討したほうがいい。

状況によっては、**唇を結ぶ仕草は嘘をついているサインにもなり得る。**あなたが穏やかな口調で彼氏に「私がパーティーから帰った後、赤いタイトなドレスを着た会社の女の子とイチャイチャしてた?」と聞いたとして、彼がNOと答えながらも、すぐに唇を結んだとしたら、彼らの間に何かあったと考えて差し支えないだろう。

他にも知って役立つ唇のサインがある。ストローで何かを飲むように唇をすぼめる仕草だ。これも一瞬だが、わかりやすい。この仕草はストレスのサインではなく、あなたの言っていることに反対意見を持っているか、他の選択肢を考えているというサインだ。

映画『プラダを着た悪魔』の中では、唇をすぼめる仕草は、ファッション誌の恐ろしい編集長、ミランダ・プリーストリーがよくするもので、デザイナーが用意した服が気に入らないことを示すはっきりとしたサインになっている。言葉にする必要すらない。ミランダがちょっと唇をすぼめると、(ボディランゲージを読む能力に優れた)デザイナーは、全部の服をボツにして、すぐに初めからやり直す。

唇をすぼめる意味を知っていると、重要な情報を手に入れることができる。再び契約書を例にとってみよう。相手が特定の段落で唇をすぼめたとする。相手は唇を結んだときのようにストレスを感じている訳ではないが、何らかの理由で、特定の段落に対する別案を検討している。相手がストローを吸うときの顔をしたら、他にいい策があるかどうか、本人に聞いてみろというサインだ。

相手の内なる思考を見通すあなたの繊細さに周囲の人は驚くだろう。相手のことをしっかり把握すればするほど、相手の驚きは強まる。

私たちの脳にはある種の行動と自信を結びつけて解釈する性質があるため、これを利用して、いい方向に活用することもできる。

たとえば自信満々に机いっぱい手を広げて立ったり、足を広げたり、首の後ろで手を組んで座ったり、明らかにパワーと結びつく体勢をとると、その状況に対してパワーを持っているように「感じる」ことができるだろう。なぜそう感じるかというと、こうした体勢をとると、今はパワーホルモンで体を満たし、ストレスレベルを下げるときだと脳が解釈するからだ。

こうした体勢を1～2分とるだけで、あなたの中のホルモンバランスが数時間にわたって変化し、実際に議論に勝つ可能性が高まる。より大胆かつ積極的に議論ができるようになるからだ（パワー研究者リンダ・ライは、この種のパワーブーストを、勝ちたい相手に会う前に行うことを推奨している。周囲の人の迷惑にならないようにするためだ。何分か足を広げて座っておけば、確かに自信が高まるが、面談が始まる前にやっておかないと誤解を招く）。

第4章

嫉妬と妬みの構造

――ライバルからの攻撃をかわす方法

あなたの影響力がうまく効いて、社内の重要人物になってくると、あることが起こる。妬んだ人々が、あなたを貶《おとし》め、あら探しを始めるのだ。こういったことはどうしても避けられない。世の中には常に、自分以外の誰かがうまくいっているのを気に入らない人物がいるのだ。

そして、こういった人種はいつも斬新で創造的なやり方を見つけてくる。この章では、こうした、より難しい状況を解決するために使う特別な心理トリックを学ぶ。上品すぎる手袋は脱いで、こちらから打って出る時間だ。

人に自分の思惑通りに影響をもたらす上でもっとも大切なのは、相手が「自ら決断をコントロールできている」と感じているかどうかだ。今自分が選んだものは、自分の意思だと感じられるかどうか。

交渉がまとまらないときというのは、提案自体が悪いのではない。相手が「屈したくない」とか「後へ引きたくない」と思っているからまとまらないのだ。そのため、あなたは相手自身が主導して結論へ至ったかのように感じさせなければならない。

テレビの討論番組を見ていると、相手の能力を疑ったり、感情的に攻撃したりして、昔ながらの論争スタイルが行われているのを目にするだろう。これは一見、言い負かしたほうが勝利したように見えるが、長い目で見れば勝利にはならない。

私たちは最終的な利益を得たいはずだ。そのためには対立を避け、相手の利益に反対するのではなく、相手に寄り添って行動しなくてはならない。叩きのめして結果を得ても、叩きのめした相手は、次に会ったときにはさらに攻撃的に、そして防衛に必死になる。一方、あなたのリードがうまければ、次に会っても協力をいとわない「味方」になる。

この方法は、この本に通底する考えに基づいている。「最小限の労力で最大の結果を得ること」。しかし、対立した状況で最善の解決策を見出すためには少しばかり注意がいる。目標は、自分が正しくて相手が間違っていると口角泡を飛ばして議論する代わりに、相手自身の意思によって妨害を止めてもらうこと――あるいは交渉をあなたの望む方向へと導くこと。ボスとの戦いでも、汗一滴流さないのがベストだ。

巧妙なイヤミにバリアを張る

あなたが「自分の人生」を生きるようになると、周囲の人の目にも留まるようになり、攻撃される機会が増えるようになる。残念なことだが、これは避けようがない。無理に避けようとすると泥仕合になってしまうのがオチだ。

個人的な攻撃で少し傷つくくらいなら問題ないし（やあ、君がやったあの企画、ひどかったな、それに君、少し太ったんじゃない？）、**こうした攻撃は、あなたが人より抜きん出ていることの証明**でもある。いかにして人生をより良く生きるか——それは、いかにうまく攻撃をかわすかにかかっている。怒りをあらわにするようなことなしに、批判をうまくかわすことができる人は、結果的にオフィスの最上階の席につくことになる。

批判をかわす方法については、何日もかかる詳細な訓練コースもあるが、本書では時間とお金を節約できる近道を教えよう。その秘訣はとてもシンプルだ。

もしも誰かに侮辱されたり、言葉によるイジメのターゲットになったときは——とにかく笑い飛ばそう。いや、誤解しないでほしい。攻撃してきた相手を笑うのではない。それでは相手をいじめ返すことになる。そうではなく、相手に「言われた内容」を笑い飛ばすのだ。

笑うことの心理的効果はすぐに表れる。攻撃をしかけるとき、相手はあなたのネガティブな反応を期待している。戸惑ったり、悲しんだり、怒ったり、少なくとも気分を害するあなたを見たいと思っているのだ。だから、攻撃されても笑っているところを見せることで、批判がまったく取るに足らないものだと示すことができる（本当は心の中でどう感じているかは表現する必要がない）。**あなたが笑顔や微笑みや前向きなコメントをするだけで、攻撃を無力化できるのだ。**

そして、相手との対立を避けたことが周囲の人にも明らかになる。相応の悪口で反論したり、相手の言葉尻をとらえて笑ったりジョークを言ったりするのは、不安を表すネガティブな反応であり、何としても避けなければならない。

しかし、相手から向けられた敵意を笑い飛ばすのは簡単なことではない。不当な悪口を言ってきた相手には相応の報復をしたいと思うのが普通だ。仕返しをするだけなら何も悪いことはないじゃないかと。

ところが、悪いのだ。**もし攻撃したり言い返したりしたら、批判に信憑性を与えることになってしまう。**反撃をしたということが、周りの人の頭の中で一人歩きし始める。「あんなふうに反論するなんて、彼にも心当たりがあるに違いない」と。その上、相手からのさらなる反論を招くことになる。すると、中傷合戦が本格化してしまう。

ひどい発言を笑い飛ばすのが難しいのは、発言を正直に受け止め過ぎて、感情的になっているからだ。理性を忘れた状態に陥っている。そうならないためには、ひたすら訓練を積む必要がある。

よく考えれば、相手の発言にへこたれる理由などほとんどないことに気づくだろう。攻撃のほとんどは単にあなたを「けなそう」という意図のもとに行われる。新しい事を避けたがったり、権力を失うことを恐れている人々の過剰な反応だったりすることもある。そう、**相手の発言そのものは、あなた自身とは関係がない**のだ。

なかには、非常に巧妙に嫌な所を突いてくる人もいる。彼らの言うことを受け流すのは難しい。誰でも、怒りを抑えられない繊細な部分を心に抱えている。だからこそ、一番重要な感情の周りに心のバリアを張って、誰にも荒らされないようにしなければならない。

バリアを張るためには、自分の弱点がどこにあるのかを把握する必要がある。自分のことをよく観察してみよう。どんなとき自分の意に反した行動をとってしまうだろうか？　憤りを感じる状況とはどんなものだろうか？　子どもが言うことを聞かないとき？　親友の彼女があなたを見下すような態度をとったとき？　同僚が「君には無理だよ」と言ったとき？　それとも、教師が公平な機会を与えてくれないとき？

おそらくあなたにも、怒り狂った経験はあるはずだ。その、自分がコントロールを失った瞬間を特定してみよう。最終的なゴールは相手を無力化することだが、じつは、あなたの相手は「助けてくれなかったあの責任者」でもなければ、ましてや「あなたのことを見下す親友の彼女」でもない。本当の敵は、相手の行動によって私たちの内に引き起こされる「反応」である。私たちの内に起こる反応なら、外側で起こる事柄よりもコントロールしやすいはずである。

ここですべきことは、自分がどのように反応する傾向にあるかを知り、受け入れ、そうした状況に名前をつけることだ。

たとえば、相手を見下すような人と対峙したときに怒りが生じると思ったら、その怒りに「ヘッド・パター（頭を叩く人）」などと名前を付ける。私は自身の怒りの元凶に「ネアンデルタール人」と名前を付けている。相手のことを思いやれなくなるためだ（怒りを感じるときはいつも、ネアンデルタール人は相手を思いやることができなかったが故に絶滅したのだと考えるようにしている）。

「ヘッド・パター」と名前を付けることによって、あなたの脳に彼ら（怒り）の存在が意識されるため、気をつけることができる。

彼らに行動をコントロールされると、あなた自身がコントロールされてしまう。だが、気をつけようと自覚している限りは、乗っ取られることはなくなる。

「お前が新しいと思っているそのアイデアは新しくもなんともない。俺はもう5年も前に試してうまくいかなかったんだ」などと言われたら、それが「ヘッド・パター」と対峙するときだ。次のようにしてコントロールを保とう。

怒りモードに入る前に、精神的に一歩引いて、「ヘッド・パター」にコントロールされないと心に決め、大きな笑顔を作ろう（これは非常に大切な基本である）。つくりものでも、笑顔は怒りを鎮める効果がある。

そして、あの言葉のトリックを使って「問題は以前にも試したことがあるかどうかじゃない。問題はこの状況でいかにそれが効果を発揮するかだ」と頭の中の「ヘッド・パター」に言い聞かせて主導権を取り戻すといい。

戦うべきは目の前のイヤミな人物ではなく、自分の内なる声であることを忘れないようにしよう。

話を遮って主導権を握るために

いったん話し始めると、口を挟む機会を与えてくれない人がいる。何かに熱中して話しているだけなら単に情熱が溢れているだけだが、なかには、あなたを批判したり、周囲の意見を動かそうとして話し続けることもある。相手は話し続け、あなたに口を挟む余地を与えない。そうした状況では、次のようなテクニックが使える。

それは、**表面的には無害に見せつつ、発言権を得ることができる**テクニックだ。しかも話を遮った相手に、「あなたはとてもよい聞き手だ」と感じさせることができるという隠れた効果がある。そうすることで、相手の発言をより自分の目的にかなったものに上書きしつつ、相手が話の筋を変えることができなくなるような状態に持っていき、会話の主導権も取り戻すことができる。実に万能なツールなのだ。

すべきことは簡単だ。相手の言うことに心からの関心を示しながら、次の言葉で相手の話を遮ればいい。

「待って。あなたの話をちゃんと理解できているか確かめてもいいですか？」

そして相手が今言ったことをそのまま繰り返そう。

あまりにシンプルだからといってガッカリしないでほしい。ここで何が起こっているか、もう少し詳しく見てみよう。

ステップ1

私たちは耳に入ってくる情報をそれぞれの個人的なフィルターで処理している。そして、頭をよぎることのほとんどは自分自身のことであるため、話をしている人も相手がしっかり話を聞いているとは思っていない。

実際、誰かの発言を一言一句正確に繰り返せる自信はあるだろうか？　皮肉なことだが、より重要な会話のときほど、繰り返せない可能性は高まる。

なぜなら、前の発言にどう答えるか、話の流れをどう持っていくかに集中するあまり、相手の発言内容に注意が払えなくなるからだ。

これはすべての人に共通する脳の働きであるため、誰もがこうした状況になることを理解している。だからこそ、理解度を確かめるために話を遮ることには、多くのメリットがある。

まず、相手の話をきちんと聞こうとしていた姿勢を伝えることができる。

さらに、多くの人と違って、少しの誤解もしたくないほど相手の発言を重要視していることが示せる。

ステップ2

相手は話し続けるのを止めて、あなたに耳を傾けてくれるようになる。それればかりか、積極的に話を聞いてくれるようになる。「ちゃんと理解しているか確かめたい」。このセリフによって、どんなに怒っている相手であろうと、口をつぐんであなたの話を聞いてくれる。相手も自分の発言が正確に理解されているのか、確認したいのだ。

目の前の人物が話を聞いていなかったかもしれないと疑っていればいるほど、より熱心にあなたに耳を傾ける——間違って理解されていないか確認するためだ。

そして相手はあなたに会話の主導権を奪われたことにも気づかない。しかし、現にその場で今喋っているのはあなただし、会話をどの方向に持っていくか決めるのも、あなたである。

ステップ3

実際にあなたの理解が間違っていると、相手は発言を正してくれる。そうすると2人の間に共感が生まれる。

なぜなら、同じ議題について一緒に理解しようとしているうえに、人は自分に関心を持ってくれる人を好きになるからだ。このように会話の流れが進むと、最初は反対意見を持っていた相手であっても、共感してもらえる。

ステップ4

相手の発言を繰り返すときは、同時に相手にも自身の発言内容を振り返る機会を与えている。私たちは、頭で考えただけのことを発言したと思い込むことがよくある。だから、何を言って、何を言わなかったかをはっきりさせることで、想定外の事態を避けることができる。

ステップ5

相手の発言を繰り返すときには、今の時点では言及していないが、これから相手が言いそうな要素を忍ばせることもできる。相手がひどく感情的になっていたら、その感情に言及しよう。相手が口にしていなくても、だ。

たとえばあなたが締め切りに遅れたことに対して、部長が「これは会社の金の損失だ」と言ったとする。こういうときには、相手の感情を先回りして伝えるといい。「あなたは、私が締め切りに遅れたことを『会社の金の損失だ』と怒っていますね」

ポイントは、彼が怒っているかどうかは憶測だという点だ。そして憶測は必ずしも当たっていなくていい。相手はあなたの発言を訝《いぶか》しんだりはしない。それどころか、相手自身の本当の感情を説明するきっかけになる。「ああ、怒っている」。もしくは、「いや、怒ってるんじゃない、失望しているんだ」というように。

重要なのは相手の本当の感情を知ることだ。それぞれの感情に対して、それぞれの対処法がある。「怒っている人」と「失望している人」への対処法は違うのだ。

感情はあなたの憶測通りでも、原因が違っている場合がある。その原因も重要な情報だ。

「ああ、怒っている、だがそれは君が締め切りに遅れたからではなく、そんな事態が起きると会社の損失になるからだ。このシステムのダメさにイライラしているんだ」

ステップ6

相手の話を繰り返すときは、発言をできる限りポジティブな言葉で言い換えたほうがいい。もちろんこれは「相手にとってポジティブ」という意味であり、「あなたにとってポジティブ」ではなくていい。

勝手にあなたの価値観を挟み込んだり、相手の言うことを過小評価したりしてはいけない。相手が発言の重みが理解されていないと感じてしまうと、後々意見が対立したときには、決して歩み寄ろうとはしてくれない。一方、相手の意見を尊重しているふうに、実際よりも良い意見であるかのように言い換えると、その後の話し合いはスムーズになる。

「待ってください。私がちゃんとわかっているか確かめたいのですが、あなたは私がプロジェクトの締め切りが守れなくて怒っている、ということであっていますか？」

「いや、そうだな、私は会社に損失を与えていることに怒っている」

「そうですか、どのような点で損失になるのでしょう」

「当然わかっているものと思っていたよ。我々の予算編成はプロジェクトが予定期間内に実行されることを前提に組まれているんだ」

「ということは、プロジェクトが遅れをとると経費がかかりすぎてしまう危険性がある、そのことにあなたはいら立っているのですね？」

「そうだ」

「もしそうなら、提案があります。同時並行で進めるプロジェクトの数を今より減らせば、各プロジェクトを期間内に終えやすくなります。同時に手をつけて全部が締め切りに遅れるより、会社にとって利益になるはずです」

相手の話を遮るのは失礼だと誰が言っただろう？　実際は話の進め具合でどういうふうにもできるのだ。

自分の意見を正確に伝えたいときにも、このテクニックが使える。

あなたの説明を聞いて、相手が「わかった、わかった！　もういいよ！」と言ったとしても、何がわかったのかはあやしいものだ。こうした場合は、相手に自分の発言内容を繰り返してもらおう。もちろん失礼にあたらないよう、言い方に気をつける必要はある。たとえば、「私の言ったことをまとめていただけませんか？　大事なことを伝え忘れてないか確認しておきたいので」

これなら、謙虚であり好意的な言い方だ。相手にまとめてもらうことで、ちゃんと聞いてくれていたかどうかわかるし、どう解釈したかも知ることができる。相手の口からあなたの意見を言ってもらうことによって、相手が密かに持っている意見を窺《うかが》い知ることもできる。

もしも、あなたが「もっと早く仕事を終わらせてくれ」と言ったのに、相手は「私の仕事のやり方に不満があるって言いましたね」と解釈していたら、これは問題だ。相手は仕事についての話と人格についての話を混同している。そういう場合は、論点を明確にしよう。「不満どころか、君の仕事にはとても満足しているよ。君はとてもいい仕事をしている。だけど、そのクオリティを維持しながら、どうやってこの締め切りに間に合わせるつもりだい？　何か作戦はある？」

怒っている相手に対処するときに大切なこと

ときには、ちょっとした意見の相違が対立へと発展することがある。

そうした場合は、相手の立場を考えなくてはならない。さもないと、無益な感情の衝突を繰り返すばかりで、誰のためにもならなくなってしまう。

相手のことを慮るというのは、こうした状況ではもっとも難しいことだ。だが、この状況を解決して先へ進むには、相手の怒りの裏に潜む本当の原因を理解する必要がある。ひとつ前の項目では、その原因を理解するのに最適な方法を紹介した。

相手の怒りの原因が特定できたら、今度は相手をより生産的な方向へ――問題解決へ向けなければならない。それができたら自分の意見を伝え、会話を思い通りの方向へ進めることができる。対立を解決する方法をステップごとに紹介しよう。

ステップ1

たとえば新しく入ってきた同僚が怒っているとしよう。その場合、まず何があったかを聞く。彼女の言うことを注意深く聞き、話し終えるまで待とう。「最悪よ、永遠にできあがってこないんじゃないかというくらい時間をかけて、ようやくできあがってきたと思ったら、全部黄色だったの！」彼女が明らかに間違っていたり、偏った意見を持っていると思っても、とにかく黙って聞こう。

ステップ2

彼女が言い終わったら、先程学んだように、自分の理解が正しいか確かめたいと言って発言を繰り返そう。いらだったり非難したりするように聞こえないよう、心から思いやる調子で、相手の感情にも言及しながらこう言おう。「私の理解が正しければ、あなたはできあがったものが全部黄色だったから怒っているわけだね」

ステップ3

実際はこれに対して、最初の説明とは違う別の説明が返ってくることが多い。「そうなの。だけど黄色だから怒ってるんじゃなくて、他のプロジェクトにかける時間を奪われたことに怒ってるの」この発言をもう一度繰り返して、この奥にさらに別の原因がないことを確かめよう。「ということは、このプロジェクトだけに時間を奪われていることが問題なんだね？」

ステップ4

彼女の真意が2人の間で共有できたと思ったら、次はより建設的な方向、両者にとって有益な解決策を考える方向へと彼女の意識を導こう。「そのプロジェクトに時間がかかりすぎて他のことに手がつけられないのが問題だとしたら、他の仕事にかかる時間を減らせるか確認してみるといいかもしれないね。そうすればプロジェクトも再び軌道に乗るかもしれない」

ステップ5

最後に、その問題に関するあなたの意見を伝えよう。つまり、相手が話し始めたときから言いたかったことを、最後の最後まで待ってから言うのだ。最後まで待つと、ステップ1から4までの間に、彼女は落ち着く時間を持つことができる。また、ステップ2や3で得た情報に基づき、彼女は意見を変える機会も得られる。さらに、共感的に話したことで、**相手が防御的になるのを避けることができる。**ステップ1で相手の話を遮ると、逆の事態を招いてしまう（多くの人がやってしまうことだ）。そんな事態を回避しながら、問題を解決する手助けとなる言葉もかけることができる。「個人的には、この種の作業を伴うプロジェクトは、これくらい時間がかかるものだと思うけど、今後、この規模のプロジェクトをやるかどうかは、よく検討する必要があるかもしれないね」

実践例をひとつ。あなたが遅く帰ってきて、あなたのパートナー／彼氏／彼女／夫／妻／ハムスターが怒っているとする。何で怒っているのか聞くと、こう返ってくる。

「もううんざりよ！　いつも遅く帰ってくるし、夕食の手伝いも全然しない！　フェアじやないわ!」

　1日中働いて疲れきったあなたは、相手の立場や気持ちを理解しようとする代わりに、声を荒らげて次のように返答する。

「フェアじゃないどころか、こっちは給料をもらうために必死で働いてるんだ。家事は先に家に帰ったほうがやればいい。僕が遊びほうけている間に、君が家事をしているってわけじゃない。そっちこそフェアじゃない！」

　そしてドアがバタンと閉まり、腹痛が起こり、友だちに電話で悪口をぶちまけることになる。解決策は何も見えてこない。こうならないように、もう一度やってみよう。今度は、今学んだテクニックを使うといい。

「もううんざりよ！　いつも遅く帰ってくるし、夕食の手伝いも全然しない！　フェアじゃないわ！」

　彼女に批判されても冷静でいよう。相手の話を遮らず、怒らず、あきれた表情もせず、深いため息もつかないで。気落ちした犬のようにうなだれたまま突っ立っているのもやめよう。アイコンタクトを保ち、相手の話を聞いていると感じさせ、自分の番がくるまで黙っておこう（ステップ1）。それから、相手が言ったことを繰り返そう（ステップ2）。

「そうかハニー、僕の理解が正しければ、君は僕が夕食の手伝いをしないから怒っているんだね？　本当に毎日そんなに遅く帰ってるかな？」

徐々に論点が明確になっていく。

「いつもじゃないかもしれないけど、今週は毎日よね。怒ってるっていうより疲れてるの。家事は全部私がしなきゃいけないような気がして」

相手の真意に近づいたところで、ステップ3を使ってさらに他の原因がないか確かめよう。

「家事は全部君がしなきゃいけないって感じさせてる原因は、他にもある？」

「そうね、私が言うまで掃除機もかけてくれないし、子どもの習い事の荷物を詰めるのはいつも私だし、買い物もいつも私。たとえばそんなところ」

ついに！　あなたは対処すべき具体的な問題にたどり着いた。

思い出してほしい。相手からの批判はフェアであってもフェアでなくても関係がない。あなたは常に相手の意見に基づいて考えるべきで、**あなた自身の考えで動くべきではない。**そして、相手の見ている現実がわかったら、ようやく自分の意見を伝えてもいい。非難ではなく、解決策を真摯に伝えるのだ。

「もちろん家事は全部君がしなきゃいけないって訳じゃない。君がそんなふうに感じているなんて気づかなかったんだ。言ってくれて嬉しいよ。少しでも手伝えば解決できるかな？　仕事帰りに僕が買い物をしてくるってのはどう？」

最後の質問がポイントだ。相手に意見を聞くことで、かなりガードを下げることができる。相手が少し怒っているときは特に効果的だ。

前のコラムの最後でも「何か作戦はある？」と問いかけている。多くの人は自分の意見を話す機会をほしがっているため、意見を求められると喜ぶものだ。だから本当は関心がなくても、とりあえず質問するのは理にかなっている。

衝突へと発展する可能性のあった会話が、今や建設的な会話となり、両者が得をすることになる。そのうえ、あなたの気分もずっと良くなるだろう。

誰かと喋るときには常に相手の名前を発言に入れるといい。とくに議論がヒートアップしているときは、名前を呼ぶことがとても重要になる。人間には、自分の名前を聞くと落ち着きを取り戻す機能があるのだ。

挨拶する際に自ら名乗ることも、出会いをより個人的なものにでき、会社としてではなく、あなた「個人」と会っていると感じさせることができる。

このテクニックは、あなたが権威ある機関、たとえば政府機関に属しているときは、より一層重要になる。大きな権威を持つ機関を相手にするとき、人はストレスを感じることが多い。だが、名前を口にすることでそうした障害物が取り除かれ、あなた個人と話していると感じさせることができる。

「どこかのバカ」ではなくパトリックという個人と話しているときのほうが、話を一般化したり、怒鳴りつけたりするのが難しくなるだろう。だからカスタマーサポートで働く人々（仕事で日々怒鳴りつけられる可能性のある人々）が、いつも電話をとって最初に名前を名乗るのは理にかなったことなのである。

引っかかりやすい言葉に注意する

ある種の発言で影響力を損なってしまうことがある。一見問題ないように見えるフレーズが、非常に厄介な形で障害となるのだ。これから紹介するフレーズは、恐らく何度も聞いたことがあるはずだし、今後も耳にするだろう——ときには自分が口にしてしまうこともあるはずだ。

「そういうものだ」

じつのところ、私たちは現実の世界のほとんどのことを知らない。私たちが理解できるのは、自分の認識を通して見える世界だけである。それはつまり、自分の態度が変われば、世界も変わって見えるということだ。少なくとも自分から見える世界が変わる。

私たちは、誰もが自分と同じように世界を見ていると思いがちだが、それは単なる思い込みだ。その思い込みのせいで、コミュニケーションのなかで大事なものを見落としたり、相手がこちらの前提を了解していると勘違いしてしまったりする。以下の言葉はこうした誤解を生みやすい。

「それは間違ってる。これが正しい」

この発言の主は会話を続ける気がない。周囲の人はすでに自分に賛成だと信じている。こう言って質問を返そう。「どうしてですか？」もしくは、「誰がそう言っているのですか？」

相手を困らせようとして質問するのではなく、客観的真実などないことを相手に思い出させたいのだ。試験に出るような論理的関係や、自然の法則や、歴史上の出来事の日時について話しているのでなければ、特定の回答が正解で、他はすべて間違っているという状況はほとんどない。これこそが真実だという主張は、特定の前提や特定の世界観に基づいたものにすぎない。「どうして？」と言うことによって、あなたは自信満々に語る相手に対し、相手の価値判断の基準を説明する機会を与える。それと同時に、相手の言うことは必ずしも唯一の回答ではないことを指摘する結果となる。

「彼らはきっと〇〇するはずだ」

他人の考えがお見通しであるかのように主張する人には、十分に注意を払ったほうがいい。

「彼はきっと自分のことを重要人物だと思っている」

「彼らはきっと僕をチームに加えたいと思っている」

それは真実かもしれない。しかし同じくらいの確率で真実でないかもしれない。こうした発言には疑問を投げかけよう。あなたが返す質問はシンプルでいい。

「どうしてわかるのですか?」

返ってくる答えは説得力があることも多いが、実際には非常に不確かな前提に基づいたものだ。不快な推測なら、相手の発言が広まって、多数の人が信じる「真実」となる前に釘を刺したほうがいい。

「よくあることだ」

一般化には気をつけよう。さまざまな人やモノを、ひとつの見方から切り取る表現のことだ。一般化するとたいてい誤解を招くのだが、使い勝手がいいのでよくそういう言葉を使ってしまう。

「誰もそんなには払いたがらないよ」

「誰でも知ってるさ」

「そんなことは決して起こらない」

議論において、「誰も……ない」や、「すべて」「決して……ない」「いつも」「あらゆる」といった言葉は、他に建設的なことを言えなくなった人が、議論を終わらせるために使う。こうした言葉はいつでも疑ってかかるべきである。

本当に「物事はいつも悪い方向へと向かう」のだろうか？　それとも、前回たった一度だけ、たまたま悪い方向へと向かっただけだろうか？

一般化して意見をぼかす場合もある。

「普通は、あまりいい気分はしないな」

こうした曖昧な言葉の場合は、もう少し具体的なことを聞いてみよう。

「いい気分がしないってどういうこと？」

「だまされた気分だ」

「それはどういう意味？　だまされた気分ってどういうこと？」

このように質問をすることによって、相手の話が明確になっていく。すると相手は言うことが変わっていく。

「オーケー、だまされた気分っていうより、じつは……」

発言を詳細に説明してくれれば、相手の考えていることがわかるし、勘違いの罠も回避することができる。他にも、一般化することで具体的に何を指しているのかがわからなくなるときがある。

「競合他社は我々より優位にあります」

「全部の競合他社かい？　それともどれか1社のことかい？　それに、どの点で我々よりも優位なんだ？」

一般化したり、相手の考えがわかると言ったり、自信満々の態度で発言するのを聞いていると、ある種の真実を語っているように聞こえる。まるで世界の仕組みを知っているかのように。事実、そうした相手の主張に反論して態度を変えさせるのは非常に難しい。

態度を変えさせる唯一の方法は、相手が漠然と一般化していたり、まともな理由もないまま思い込んでいたりする部分に疑問を投げかけて指摘することだ。そういう発言を野放しにしておかないことこそが大切である。

なぜなら、この種の発言は自信満々な印象に反して、不確かで取り留めのない根拠に基づいていることがほとんどだからだ。

そればかりか、何も建設的なことを言えなくなった人や、もっとよく知る努力をするべき人が、自己防衛のために言うことが多い。

だから、先へ進む道を切り開くためにこうした障壁を壊すことは、単に必要であるだけでなく、そうすることでちょっとした優越感を得ることもできる。

何か頼むときには、まず相手の利益を伝えてから

ときに人をひどくいらだたせ、不快にさせる言葉がある。その言葉とは「なぜ」だ。

「なぜ、これをしなければいけないのですか？」

「なぜそう決めたのですか？」

「なぜ今食べたいのに、全部食べちゃいけないのですか？」

「彼女はしていいのに、なぜ私はしてはいけないのですか？」

3歳児と一緒に過ごしたことがある人なら、この二文字は洗練された拷問のように堪《こた》えるものだと知っているだろう。

「なぜ」はこの世でもっとも強力な言葉のひとつだ。相手に疑問を投げかける究極の方法で、一定数以上の人が使えば、独裁者の地位を転覆させることもできる。

しかし、自分に向けて使われた場合、そこには別の意味が加わる。

「なぜ」は純粋に説明を求めるものではなく、あなたへの挑戦となるからだ。何かを頼んだときに「なぜ」と言ってくる人は、あなたのパワーを疑っている。

そしてまた、頼まれたことで自分にどんな得があるのかを知りたがっている。「なぜこれをしなければいけないのですか？」という質問は、「私にどんな得があるのですか？」と聞いているのだ。

この質問には、相手の得になることを示すと動いてくれると覚えておくといい。相手から聞かれる前に、どんな「利益」があるのか説明してしまおう。相手が子どもなら、片付けをしたらニンテンドーゲームを返してあげるよとシンプルに伝えればいい。

自尊心を満足させる必要があるような会社のトップが相手なら、「予算案を受け入れてもらえたら、誰もがあなたの素晴らしいリーダーシップを称賛するでしょう」と説明すればいい。この説明を受けた後で**自分の利益に反するような行動をとる人はほとんどいない。**

いつでもこういう形で説明する習慣をつけると物事がスムーズにいくようになる。

相手が「なぜ」型の人でなかったとしても、説明して損をすることはない。あなたが自分のことだけでなく、相手の利益を考えているということがしっかり伝わるのだから。

これで多くの人と一線を画すことができる。

言ってはいけないセリフ

議論が衝突へと発展していくと、これから紹介するような言葉を使って会話を打ち切ろうとする人が現れる。しかし、それは相手を脅すことでこれ以上の会話を阻止し、議論の材料が切れた事実を隠すために使っているのだ。

だから、好意を持たれながら影響力を行使したいなら、決して使ってはいけない。また、相手がこうした言葉を使ったときの対処法も知っておいてほしい。

「ムダだ、君にはわからないだろう」

あなたが議論の末に相手のことをわからず屋だと感じてこの発言をしたのだとしたら、すべてはあなたの責任だ。説明に失敗したに過ぎない。相手に理解してもらえなかった責任はあなたにあり、相手にはない。また、この言葉は相手に言いたくないことがあって、ごまかしたいときにもよく使われる。

もしあなたが「君にはわからない」と言われた場合は、相手の目を見て、丁寧にこう言えばいい。「きっとわかります。あなたがきちんと説明さえしてくれれば」

「とにかく、それが決まりなんだ」

親の立場として私も使ったことがあるが、この言葉を聞くたびに全身がムズムズする。「とにかく決まりなんだ」と言えるものなどこの世に何一つない。「決まり」が存在する正当な理由がある場合は、それを説明すればいい（椅子にそんなふうに座っていると、ひっくり返って、棚に頭をぶつけちゃうよ、など）が、多くの場合、こうした発言には何の正当性もない。きっと誰かの受け売りにすぎないのだから、自分の意見を再検討してもらう必要がある。よく考えれば、こうした決めつけは何の役にも立たないと気づくだろう。

逆に相手から理由を聞かれたら、文脈に沿って説明しよう。会社の損失になるからとか、親として子どもを育てる責任があるからとか、自分の決めた作戦は役に立つはずだから他の方法より有益だ、と説明しよう。質問してきた相手があなたの説明に納得したら、あなたの提案が通りやすくなる。しかしまずは、根拠のない決まりを作るのはやめよう。

「君には関係ない」

この発言は人を不快にするばかりではなく、あなたが聞かれたことに答えたくない（答えられない）ことを明らかにしてしまう。切り捨てるようにこう言う前に、正直に答えられない理由を説明しよう。「ボスの許可を得ないと、教えられないんだ。彼はまだそのことを秘密にしているからね。わかってくれると嬉しいな」

相手から「あなたには関係ない」と言われた場合は、関係があると返答すればいい。「いや、私にも関係があります。関係がなければ質問もしていません。どう関係があるかというと……」

「いったい私にどうしてほしいんだ？」

これは責任回避の切り返しか、議論を終了させたいときに使われる。

これまでのフレーズで最悪なものをひとつ選べと言われたら、このフレーズを選ぶだろう。この言葉を使うと、あなたが積み上げた社会的地位は完全に崩れさり、信用は一気にゼロになるくらいの破壊力がある。

あなたがもし部下の要求に応えられないなら、この言葉の代わりに、他に助けてくれる人を探すべきだ。それができなければ、それを説明して謝ろう。

「本当に申し訳ないけど、どうやって君を助けていいかわからないんだ。本当に助けたいと思っているけど、その方法がわからなくて」

もしあなたが「私にどうしてほしいんだ?」と言われた場合は、「そうですね、まず私の話を聞いてください。そして、力を貸してほしいんです。私に提案があります」と答えて、上司にしてほしいことを堂々と要求すればいい。

前に進むためのクレームの付け方

あなたを妨害してくる相手もひとりの人間である。

議論しているのは内容についてであって、相手の人間性についてではない。しかし、残念なことに、人間関係に悪影響をもたらす行動の多くは、「議論そのもの」を「個人への攻撃」と受け取ってしまうことで起こる。

一番の問題は、状況への批判を個人への攻撃だと解釈してしまうことにある。「資金がほとんど尽きかけている」といったニュートラルな発言でさえ、意図していようがいまいが、人格攻撃だと解釈されてしまうことも避けられない。

それはなんら不思議なことではない。このような指摘の裏には何か含みがあることを私たちは知っているからだ。私たちには行動と人格を同一視する残念な傾向があり、しかもそれを正しいと思い込んでいる。

私たちは嬉々として、状況への不満を人間への不満にすり替える。何か自分の思い通りにならないことがあると、非難すべき相手を求めるのだ。「うわ、ここすごく散らかってるね。なんで君はそんなに散らかしちゃうの？」

これはよろしくない。こう言ってしまうと、頭の中でこの状況と、状況を作りだした当人とをわけて考えるのを一層難しくしてしまう。それに、**人格を否定されたと感じた相手は自分の弁護を始め、あなたの話を聞かなくなる。**

実りのある議論を続けるためには、いかなるときでも問題自体と相手の人格をわけて考えなければならない。たとえ相手に問題のある行動があったとしても、相手の行動と人格は区別して考えなければならない。

ニュートラルな発言（「少し作業が遅れているのかな？」等）を使い、相手の視点ではなく自分の視点から話すようにしよう。ここでは、第2章で学んだ**「あなた」を文頭に置くのはやめよう。**相手が人格攻撃されたと感じる可能性を最小限にしなくてはならないからだ。「あなたは約束したことをやっていませんね」と言うのではなく、「私はがっかりしています」と伝えよう。「あなたは特定の業者を贔屓していますね」と言うのではなく、「私たちは不公平に扱われているように感じています」と伝えよう。

純粋な事実を語るときのようなニュートラルな口調を用いて、愚痴ではなく事実を語っていることを明確にしよう（もしあなたが攻撃の対象となったら、グッとこらえて、相手の発言を言い換えて、その発言があなたではなく問題に向けられたものであるよう言い直そう）。

この人格と問題の混同こそが、人を非難しても建設的にはならない理由である。たとえば大工のボブに「こんな仕事のやり方あるか？　君が取り付けた棚はもう3回も壊れているんだぞ。君はまったくの無能なのか？」と言ったら、返ってくるのは怒りだろう。話を聞くのをやめ、攻撃的になる。「私はもっと高価な棚にしたほうがいいって言いましたよね！」

相手を責めることで得られる結果は水掛け論だけで、相手の人格と問題を混同すると、なおさら悪い結果になる。

だから、反対のことをしよう。直面している問題と相手を区別して考えていることを明らかにして、こう言うのだ。「あなたが取り付けてくれた棚はすでに3回壊れました。この棚を付けてほしいと言ったのは私なので私の問題ですが、棚が壊れては困るんです。どうすれば解決できると思いますか？　棚の製造業者に連絡をとって、取り付けを点検してもらったほうがいいでしょうか。それとも、他にいい方法はありますか？」

もし確実に相手を思惑通りに動かし、手を貸してほしければ、嫌だと思っても、ちょっとした賛辞を盛り込もう。「あなたはこうしたことに慣れていると思いますので、きっといい方法を教えていただけるのではないかと思って」

行動に失望させられた相手に賛辞を贈るなんて、もっとも嫌なことに思えるかもしれない。しかし、この状況では、賛辞を贈ると相手の心理にいい連鎖反応を引き起こすことができる。

私たちの脳は、矛盾する二つのものを抱えておくことを嫌うので、どんな点でも一貫していたいと望んでいる。もしボブが自分の仕事内容に問題があったと自覚しているにもかかわらず「あなたはとても腕がいいから」と言われたら、彼は内面に葛藤を抱えることになり、それを解決したくなる。

人はひとつの物事に対して良くもあり、悪くもあるという状態ではいられないのだ。彼に残された選択肢のひとつは、行動に問題があったことを認めて、自身への認識を変えることだ。

「私は明らかに腕がよくありません。役に立たない棚を取り付けてしまいました」

しかし、こうしたことを認めるのは非常に難しい。私たちは自分自身のことをできるだけ優れていると考えていたいからだ。

そのため実際には、相手からの賛辞に同意して、現実的な問題を解決するほう——壊れた棚を直してしまうほう——がずっと簡単だ。つまり、ボブは喜んで棚を直すのである。

目先の利益ではなく「ゴール」を共有する

誰かと対立するのは、両者が別々の立場にしがみついていることが原因だ。しかし、よくよく探ってみると、じつは立場の違いからではなく、その立場の奥にある「気持ち」が問題ということがある。

たとえばあなたが、あるアプリ会社を買収したいとする。しかし相手会社のオーナーは、業績はよくないものの、売りたがらない（彼らの新作アプリは思ったよりも売れなかった）。オーナーと合意に達するためには、まずオーナーの本音を知っておく必要がある。相手の立場と本当の気持ちは必ずしも一致するものではない。相手の立場的発言では、「この会社を売らない」だが、そう言ってオーナーが守ろうとしているのは「だまされやすいバカだと思われたくない自分の気持ち」だったりする。**立場の奥に潜む気持ちを特定することで、両者が納得のいく解決策が見つけやすくなる。**

奥に潜む相手の気持ちを探るあらゆるテクニックは、すでに述べた通りだ。もっともシンプルな方法は、正直な回答がくることを願いながら問いかけることだ。

「なぜ売りたくないのですか?」

しかし問いかける前に、自分に同じ質問を問いかけてみるといい。相手の立場に立って考えてみるのだ。「もし自分がオーナーだとしたら、会社を売りたくない理由は何だろう?」反対の立場からも検討してみよう。「本音では売りたいと思っているとしたら、なぜ今まで売らなかったんだろう? 前にはその選択肢がなかったから? それとも、自分が見逃している何かが押しとどめているのか?」

自分の中でシミュレーションしてみることで、相手の反論への準備をすることができる。「もし自分がオーナーの立場で、提案を受け入れて売却したら、どんな批判がくるだろう? 誰から? なぜ?」こうしたことを考えておくと、相手が実際に反論をする前に解決策までふまえた案を提示することもできる。

相手の気持ちが特定できれば、対立は解決したも同然だ。

真剣に考えれば、オーナーがバカだと思われないようにしながら会社を売るという選択肢もあるはずだ。

人の立場の裏には必ず、複数の気持ちが潜んでいる。人と交渉する際には、どちらかが勝ち、どちらかが負けると思い込んでいるから膠着《こうちゃく》状態に陥ってしまう。しかし、議論が勝者と敗者に別れることはめったにない。私たちはまったく相反する気持ちよりも、似通った気持ちや共通する気持ちを持っていることのほうが多い。そして、その共通する気持ちを出発点にしてこそ、まったく新しい解決策を考え出すこともできる。

どちらも、自分が利用されたと感じないフェアな取引をしたいと思っている。

どちらも、平和な関係を保ちたいと思っている。

どちらも、良好な協力関係でありたいと思っている。

両者が大切にしている点に焦点を当てて議論することで、有益な解決策に至ることがずっと簡単になる。

特定の「立場」に固執してしまうとストップするものも、特定の「気持ち」に固執するならば、むしろ解決に近づく。

とはいえ、共通した気持ちは隠れているため、相手と一緒に探っていくプロセスが重要になる。第1章で学んだように、人間の基本的欲求に注意しながら探るのが秘訣だ。基本的欲求に沿った気持ちは何よりも強い。基本的欲求を満たすことができれば、相手はあなたの意見にかなり同意しやすくなる――と同時に、その気持ちを保ち続けやすくなる。逆もまた真である。対立しているときに**相手が頑な態度をとるのは、相手が基本的欲求を妨害されていると感じているから**である。

共通の気持ちを特定できたら、それに見合う共通の目標を設定するべきだ。共通の気持ちを見い出したことに満足せずに、それが実際に目に見える形でどう活かせるか、いつまでにそれを達成するかを考えよう。これまで合意に至らなかったものも、共通の目標という点から取り組めば、ずっと議論や解決がしやすくなる。

救命ボートに15人が乗っていて、全員が「飢えないことが大切だ」という立場に固執すると、食料の分配をめぐって激しい争いが起こるだろう。しかし奥に潜む共通の気持ちは「生きる」ということだ。それに気づけば、彼らはきっと「陸地にたどり着く」という共通の目標を達成するために協力できるはずだ。

ゆすられたときは……

能力の限りを尽くして交渉しても、合意に至らない議論もある。あなたは緑のペンキがいいが、業者は青を使うことを主張する。何を言っても事態は変わらない。こうした状況は衝突へと発展しかねない。こうした場合に相手が使う、一般的な手法を五つ紹介しよう。

・頑として譲らない。「こっちだって1センチたりとも引きませんよ！」
・脅してくる。「こっちの言う通りにしないと、今後の関係は保障できないな。そうなったら、約束していたオプションも忘れてもらわなければならない」
・賄賂を贈ってくる。「青いペンキに同意してくれたら、値引きします。もしくは新しいテレビをお送りします」
・軽く扱う。「何をそんなに騒いでるんですか、どのペンキだって大した問題じゃないでしょう、塗られていればいいんですから」

・罪の意識に訴えてくる。「え？　私たちのことを信頼していないのですか？　私たちが劣った製品を提供するとお思いなのですか？」

こうした感情的なゆすりに屈しないためには、**自分の主張のポイントを意識しておくこと**が重要だ。緑のペンキを使いたい理由が、「唯一の非毒性ペンキ」だからだとする。それを自覚していれば、いくら値引きをされようが、緑のペンキを使いたい気持ちは変わらないはずだ。

青いペンキが安いからといって毒性の程度はわからない。また、罪の意識に訴えてきた場合、相手を信頼しているかどうかとペンキの色は別問題だと伝えよう。

頑として譲らない、「従わないなら出て行け型」の相手がやっかいなのは、彼ら自身、あとから発言を撤回しにくくなる点にある。のちの議論で強硬手段を後悔しても、その頃にはすでに引き返すのが難しい。

このジレンマから彼らを救うためには、状況が変わったことを説明し、**「自由に立場を**

変えていい」と感じさせることが大切だ。「先程あなたはできないと言いましたが、その後に私たちはペンキを混ぜるという新しい選択肢について話しましたね。先程と状況は変わっているんですよ」

主張するポイントをはっきりと意識し、それと同時に、相手に対しては感情的ではなく論理的な説明を求めよう。客観的な基準で議論を続けることが大切だ。

「あなた方は週末までにこの仕事を終えるのが重要で、在庫に非毒性のペンキはないというのですね。私にとって重要なのは、この仕事が注文通りに行われることです。非毒性のペンキが重要なんです。その他の提案には関心がありません。仕事のやり方で合意できないのなら、私は別の業者を検討したほうがいいかもしれません」

常に自分の意見を客観的な基準に沿って点検することで、相手の気分を害することなく自分の要求を主張することができる。

そうでないと、「感情的ゆすり」に負ける危険性が高まり、同意したくないものに同意してしまう危険性も高まる。

頭をクリアにして、感情的な腕相撲を仕掛けてくる姑息な試みに屈しないようにしよう。

攻撃を無効化する二つの方法

心理的に攻撃を受けている場合は、相手の行動をただちに無効化する二つの良い方法がある。

一つ目の方法は、反論するのではなく質問をすることだ。反論すればさらなる言葉のミサイルの応酬になるが、質問をすれば同じ攻撃にさらされることはなくなる。繊細な議論では、率直な反論や物言いはストレスの元だ。会話を続けるには、質問という方法が紳士的だ。

相手からの攻撃は、相手の考えを探るいい機会だと考えるといい。

たとえば賃金カットという攻撃にさらされている場合は、「仕事に対する適切な報酬を求めます」と言うのではなく、「私たちの仕事は適切な報酬を得るに値すると思いませんか？　平均賃金と私たちの仕事を秤《はかり》にかけて、どれくらいの報酬が適切だと思いますか？」と聞くようにしたほうがいい。**相手にこちらの視点で問題を考えてもらい、それから相手の言葉を聞こう。**検討に値する解決策を提示してくれるかもしれない。

二つ目の方法は、おそらく攻撃を止めるもっとも効果的な方法で、古くから伝わるジャーナリストのトリックである。

黙り込むのだ。

邪魔をしてくる相手が、まったくもってバカげたことを言ってきた場合、理性的に返答するのではなく、ただ相手を見てじっと黙っているといい。相手が質問の答えになっていない返答をしたときにも、同じ方法が使える。相手が答えるまでじっと待つのだ。

沈黙は相手を誘う罠である。多くの人は沈黙を居心地の悪いものと感じ、沈黙を破るためだけに話し始める。心の奥で、自分の回答が十分でないとわかっているときはなおさらだ。もしあなたがすぐに次の質問をしたり、話し続けたりしたら、訳もなく相手を責任から解放することになってしまう。

我慢しよう。待つことができれば、もっとも重要な情報が手に入ることだってある。

不快な状況を受け入れない

どこにでも、あなたを陥れるために汚い手を使ってくる人はいる。身体的な不快感や心理的なプレッシャーを与えることで思考を鈍らせるような、筋金入りの不正な戦略も存在する。自分が優位に立とうとして、こうした力ずくの戦略をとる人間を決して受け入れてはいけない。

こういった巧妙な攻撃は、まるで偶然であるかのように見えることもある。

新しい上司のオフィスに用意されたあなたの椅子が上司の椅子より低いのも、賃上げ交渉が始まろうとするまさにその瞬間に太陽が目に入って眩しいのも、まったくの偶然のように思えることだろう。

確かにそれは、偶然の可能性もある。しかし、問題は相手が意図してやっているかどうかではない。**相手が意図していようがいまいが、あなたのパフォーマンスにネガティブな**

影響が出てしまうのが問題なのだ。

こういうやり方は、タフな交渉時に相手に勝とうとする心理的策略である。不必要に外的なストレスに晒《さら》される状況——たとえば暖かすぎたり、寒すぎたり、暗すぎたり、うるさすぎたりする会議室——に気づいたら、その都度それを指摘するべきだ。意図的に設定された状況であるかどうかは問題ではない。

自分にネガティブな影響があるとわかっている状況なら、すぐさま変えよう。

太陽が目に入って眩しいと、気が散って適切な意見を述べにくくなる。休憩を挟むとか、席を移動するとか、日程を変えるとか、より良い状態で話し合いに臨める別の案を提示したほうがいい。不快な環境が意図的に設定されたものでなければ、相手も申し出を聞き入れてくれるだろう。

もし不快な状況が意図的に計画された卑劣なものだと気づいたら、相手の意図にはまるで気づいていないようなフリをしながら、その状況を指摘することだ。相手を責めることなく、その状況に対する客観的な説明をするのがポイントだ。「この部屋にある椅子の数を考慮すると、どちらかが画びょうの置かれた椅子に座らなければならないようです。順番に座るということで、明日はこちらに座っていただけませんか？」

もしくは、相手の策略であなたがうまく集中できないことを説明しよう。「すみません、太陽が眩しくて、全然集中できないんです。別の部屋に移るか、太陽が沈むまで話し合いを延期したいのですが」。こうした反応をすれば、相手の策略はお見通しであることをうまく伝え、子どもじみた策略だと言外に指摘できる。

同時に、相手の面目を保ちながら、画びょうを取り除いたり、別の椅子を用意したり、ブラインドを下げたりして状況を変える余地を与えることができる。

相手が不公平な策略を意図的に行っているとハッキリ指摘したところで、相手はそんな汚い手など使っていない、というフリをするだけだ。そして**一貫性を保つためだけに、あなたと会うときは、いつもその厳しい環境を用意することになる。**

こうした力ずくの戦略は、先程も言ったように、心理的なレベルでも行われる。思考を鈍らせるために、あなたの自信に攻撃を仕掛けてくるのが一般的なテクニックだ。

これらは、ボディランゲージや遠回しな表現を駆使して非常にさりげなく行われる。「ヒゲを剃ってないですね」とか「徹夜したみたいに疲れて見えますね」といった何気ない発言がそうだ。

「少しお疲れのようですね、仕事をたくさん抱えているのですか？　大変な時期をお過ごしなのですか？」

社会的地位を脅かす他の方法として、わざと遅刻して相手を待たせ、自分のほうが重要な人物だと示そうとしたり、相手が他の誰かと話すのを遮ったりする戦略がある（有名なスウェーデンのレコード会社の重役は、テレビに出演するときにいつも携帯電話を持ち込む。出演中にいつも携帯電話が鳴り、彼は電話に出る。生放送のインタビュー中であってもだ。もちろんこれは、いつでも対応できるという彼なりの寛大なジェスチャーなのだが、誰がこの場の支配者であるか、テレビ局のスタッフへのさりげない表明でもある）。

また、あなたの話はわけがわからないと言ったり、話を聞くのを拒否したり、何度も同じことを言わせてきたりすることもある。アイコンタクトを拒否するという心理的テロのひどいバリエーションもある。目を合わせなかったり、見ようともしないことほど、人を無価値な人間だと思わせ、自信を失わせる方法はない。こうしたトリックは、不快な気分や不安な気持ちにさせるために使用される。そして実際に効果は絶大だ。

こうした事態に対処するには、身体的不快を感じたときと同じ方法をとるのがいい。**待たされたり、周囲の人との会話を邪魔されたり、話を聞いてくれない状況を受け入れては**

いけない。どんな状況であるかを説明し、自分は受け入れるつもりがないことを相手に知らせよう。

「今は他のことで忙しいようですね。会議は別の機会に再度設けましょうか。あなたがもっと私の話に集中できるときに。また連絡します」

とても重要な会議を退席するのはリスクがあると感じるかもしれない。しかし、相手がこの会議はあなたにとって重要で、言いなりにできると思っている限り、好きなように振る舞い続ける。だから、他にもやることがあると相手に伝え、自分のことを雑に扱うなら退席するつもりもあると知らせることで、自分への敬意を呼び起こし、真剣な話し相手として扱ってもらえる可能性が生まれる。

相手が要求に応えないとき、たとえばこのまま会議を続けようと言うときは、何をしても決して良好な関係を築ける相手ではないと思っていい。

こうした相手は、彼らが成長するまではできるだけ避けておこう。あなたが時間と労力をかけて協力すべき相手は、どこにでもいるものだ。

セカンドプランを用意する

もっとも重要なテクニックを最後に。このテクニックはラスボスとの戦いや難しい交渉で絶大な効果を発揮する。さらに、このテクニックを使い続ければ、残りの人生において決断力が倍増する。自分は正しい選択をしたかどうかなんて、もう二度と心配しなくてすむのだ。大げさな言い方だが、本当だ。

そのテクニックとは、計画がうまく進まなかったときに備えて、あらかじめ最高のセカンドプランを用意しておくことだ。あなたはすでにこのテクニックを日常的に使っている。たとえばあなたが女性で、ヴィンセントとデートの約束をしているとしよう。ヴィンセントが時間に2時間遅れるとなれば、あなたはザックスという男に電話しようかどうかと考え始めるだろう。それでいい。

他の選択肢がなかったら、二度目か三度目の遅刻にもかかわらず、ヴィンセントの無礼な振る舞いを受け入れてしまう。「実行可能な選択肢を作る」という考え方に慣れていないと、ヴィンセント以外の選択肢はないとすら考えてしまうかもしれない。そして彼の行動を甘んじて受け入れてしまう。しかし、**他に選択肢がない状況なんてほとんどない。**

どんなに重要な状況でも、ベストプランだけではなく、セカンドプランも用意しておくべきだ。

また同時に、どこまでなら譲ることができ、どこからセカンドプランに切り替えるかの線引きも考えておくべきだ。

こうしたことをあらかじめ考えておくと、精神的にも戦略的にもかなりの自由を手に入れることができる。理想を言えば、ヴィンセントとデートをしたい。しかしあなたが望むような敬意ある行動を彼がとってくれなかったとき、たとえば1時間以上待たされたときには、セカンドプラン、つまりザックスに切り替えるタイミングがきたと考えるように決めておく。

デートの前にそう決めていると、どこまでを受け入れ、どこからは受け入れられないかが、あらかじめはっきりする。したくないような妥協（永遠に待たされる）を回避することができ、躊躇なくセカンドプランに切り替えられる。もちろん、このテクニックはデートだけでなく、人生のあらゆる局面で適用できる。

ベストプランをしっかり認識しておくことも重要だ。人は、しばしば今やっていることに熱中しすぎる。何かをやっていると、それが世界で一番大事なことのように思えてくる。しかし後になって振り返ってみると、他にもやり方はあったということに気づく。血を吐く思いでバスまで走る必要はなかった。次のバスに乗ってもよかったのだ。

目の前のことに振り回されてしまうのは、一度決断をしたら後戻りしたくないからだ。しかし、セカンドプランを持っていれば比較が可能になる。本当に受け入れるべきことに同意しやすくなり、今提示されている案がベストであるか見極めることができる。比較できれば今の自分が神経質すぎたとか、楽観的すぎたと気づくことができ、思っていたより多くの選択肢が存在することがわかる。あるいは、魅力的な選択肢がいくつも出てきて、自分が思っていたより強い立場でいられることに気づくこともあるだろう。

選択肢が優れていればいるほど、あなたはパワーを持つことができる。すべては、どれだけ強力なセカンドプランを持っているかにかかっている。

そして、**ときには相手にセカンドプランを伝えてしまうのも効果がある。**たとえば、ヴィンセントがあなたを待たせても平気だと思っている場合は、いつでもザックスに電話する準備があると知らせるといい。

しかしこれは、セカンドプランが強力であるとき（ザックスがヴィンセントより男前だとか、金持ちな場合）に限って有効だ。劣る選択肢の場合は、口にすると立場を弱めてしまう。

また、セカンドプランを考えるだけでは足りない。セカンドプランを実際の行動に移せる可能性も前もって探っておかなければならない。あらかじめザックスに電話して、その日の予定を聞いておこう。予定が入りそうなら他の同僚に話して、誰か代わってくれそうな人はいないか聞いておこう。お金と、時間と、アイデアと、人脈を使ってセカンドプランを育て、練り上げておこう。

ただし、ヴィンセントにもセカンドプランがあることに気をつけなければならない。その場合、相手のセカンドプランを知れば知るほど、あなたは状況をコントロールできるようになる。それに、交渉中の相手の動きを推し量ることもできる。そしてまた、相手の提示する選択肢がどれほど現実的かを秤にかけることもできる。相手のセカンドプランが思っていたほど魅力的な選択肢でない場合は、相手にそう伝えよう。

相手の選択肢は弱い（あなたの代わりの女性は魅力的でないなど）と思わせたら、あなたが優位に立つことができる。

覚えておいてほしい。強力なセカンドプランを持つと、汗をかかずに衝突から抜け出すことが簡単にできるようになる。すると、結果としてあなたのパワーは強まり、より思惑通りに事を運べるようになるのだ。

おわりに――誰もが認める真のカリスマとは

ここまで影響力の心理についての講義をしてきましたが、読者のみなさんには、パワーとは自分で身につけるものではないと、わかっていただけたと思います。パワーとは、常に「周りの人から与えてもらうもの」なのです。

私たちは、信頼でき、カリスマ的で、バランスのとれた人にパワーを与えます。自信を持ちながらも威張ることのない人にだけ、パワーを与えるものなのです。

さまざまな状況に適応しながらも相手への敬意を忘れない人にだけ、パワーを与えるのです。

確信に満ちていながらも、自慢屋ではない人にパワーを与えるのです。

自分のことをすごいと思ってもらいたくて間違いを犯している人は大勢います。大げさにこんなふうに声を張り上げてしまうのです。

「私はここです！　みなさん、私を見てください！　私はこんなことができます！」

私たちは、こんな人には信頼やパワーを与えようとは思いません。ですから、こういう人は、人のパワーを盗みとることしかできないのです。

一方で次のように語り、自信を持つ人には、私たちは喜んでありったけのパワーを与えたくなるものです。

「ああ、あなたですね！　とてもお会いしたかったです。どうぞこちらに座ってください！　あなたのために何かできることはありますか？」

新しいことを始めるときはいつも、全世界が自分に注目しているような気になるものです。理性的に考えると、実際には誰もあなたのやっていることに注意を払っていないし、あなたがヒゲを剃ったかどうかもほとんど気がつかないのですが、特に心理テクニックを学び始めたときなどは、注目されているのではと感じるものです。そして自分は詐欺師だと思われるのではないかと心配になったりするのです。

でも、安心してください。それはあなたの頭の中だけのこと。最悪の事態は何かを考えてみてください。言い忘れたり、舌が回らなかったり、口ごもったり、――そういうことで心理テクニックに失敗したと思っても、ただ言い直せばいいだけ。誰もそれで傷ついたり、殺されたり、刑務所に送られたりはしませんから。

最悪の事態は、影響力を与えようとする相手に気づかれてしまうことだと考える人もいるかもしれません。けれど、つい微笑んでしまうようなあなたの笑顔や、「そして」という言葉の何気ない使い方を勘ぐって批判してくる人などいないはず。これは影響力のテクニックが効果を発揮する理由と同じ——私たちは自分で思っているよりも、はるかに他人のことを意識していないものなのです。

本書のようなテクニックは本当に行う必要があるものなのでしょうか？　リラックスして、ありのままの自分でいればいいのではないでしょうか？　もちろん、いかなる状況でも、あなたはあなたらしくいるべきだと思います。できる限り「最高のあなた」でいるべきだとも言えます。

しかし、たとえあなたがあなたらしくいたとしても、最終的に人生の大部分は、あなたがどれだけ社会のネットワークや周りの人間関係を意識的に活用するかにかかっています。だからこそ、影響力の重要性を学び、その場が誰にとってもポジティブな場となるように振る舞うことが非常に重要なのです。

本書に書かれたすべてのテクニックがあなたに適しているとは限りません。また、不快に感じるテクニックがあったら、無理に実践しなくてもかまいません。ここで学んだことを自分で色々と試し、修正しながら、自分に合ったものにアレンジしてください。あなたはあなたなりのやり方を見つければいいのですから。

次の二つの状況を比べてみましょう。あなたの同僚ジョージはいつものようにあら探しをして、プレッシャーを与えることで、あなたを思惑通りに動かそうとしています。

あなたは彼に言われた通りのことをしますが、それはひとえに彼にこれ以上うるさいことを言わせないためです。あなたはジョージが他人の欲求を考慮しないことに少しいら立っています。ジョージは古典的なパワーを行使することで事をうまく運ぶかもしれませんが、関わる人の気持ちを犠牲にしたうえで、事を進めています。

ある日、彼があなたに連絡をしてきて、助けてほしいと言ってきます。彼のような相手をどれほど積極的に助けたいと思うでしょうか？　そこまで積極的にはなれないはずです。突然、あなたのスケジュール帳は来年の3月まで埋まっていることにしておきたくなるはずです。おそらくは。

一方、もう1人の男、ジョンも連絡をしてきて、助けてほしいと言ったとします。電話で彼の声を聞くやいなや、彼と会ったときのこと、自分をよく理解してくれる彼のこと、共に素晴らしい仕事をしたときのこと、そうした楽しい思い出が甦ってきます。ジョンは歩みを共にしたくなる人物です。彼は頼む必要すらない。あなたはいつだって彼のもとへ駆けつけたいと思っているからです。スケジュール帳がいっぱいだったとしたら？　きっとあなたは、スケジュールを調整して時間を作るでしょう。

誰かに会うときはいつも、相手の目から見ればあなたは身勝手なジョージか共に働きたくなるジョンのどちらかであり、その判断に沿って扱われます。

結果だけ見れば、古典的なパワーに相手が少しいらだっていたって、あなたの思惑通りに動いてくれるのなら問題ないかもしれません。

しかし、あなたは人生で何千人もの人と出会います。つまり、ジョージとジョンの反応は何千倍にも拡大していくのです。あなたはこの先、どのように生きていきたいでしょうか。そう考えると、相手のちょっとしたいらだちも大きな問題だと感じるのは？。

誰も1人ではトップに上り詰めることはできません。どのようなトップを目指すにしても、これに例外はないはずです。

人生の大いなる勝者とは、周りの人々に影響を及ぼすことを通して、自分の人生を切り開いた人です。周りの人の心や気持ちをつかみ、彼らの肩を借りて自分の選んだハシゴのトップに上り詰めた人です。

あなたの周りにはたくさんの人がいます。あなたを待ってさえいるかもしれません。だから、自分がのぼりつめたいハシゴを見つけて、それを携え、みんなに会えて嬉しいと伝えましょう。

あなたはすでに影響力のパワーを手にしているのです。

本作品は、小社より二〇一六年二月に刊行された
『影響力の心理』を改題し、文庫化したものです。

ヘンリック・フェキセウス

1971年9月21日スウェーデンのオレブロで生まれる。

小学校入学と同時にマジックの世界にのめり込み、潜在意識下で他人の思考や行動を操作するツールとしてのマジックの力に気づき、神経言語プログラミング（NLP）、ヒプノシス（催眠）、演技、マジック、心理学などのコミュニケーション・メンタル技術を次々に学んだ。

さらにはメディア、広告、プロパガンダ、ミーム学による影響の分析へと進み、著書7冊はスウェーデンで累計50万部以上に達している。

現在、妻と二人の子どもとストックホルムで暮らしている。

樋口武志（ひぐち・たけし）

1985年福岡生まれ。早稲田大学国際教養学部卒。2011年まで株式会社東北新社に勤務。共訳に『異文化理解力――相手と自分の真意がわかるビジネスパーソン必須の教養』『insight――いまの自分を正しく知り、仕事と人生を劇的に変える自己認識の力』（英治出版）などがある。

だいわ文庫

人《ひと》の心《こころ》を動《うご》かす「影響力《えいきょうりょく》」
操《あやつ》らない、騙《だま》さない、ただ、そうしてくれる。

著者 ヘンリック・フェキセウス
訳者 樋口武志《ひぐちたけし》

二〇二二年五月一五日第一刷発行

発行者 佐藤 靖
発行所 大和《だいわ》書房
東京都文京区関口一―三三―四 〒一一二―〇〇一四
電話 〇三―三二〇三―四五一一

フォーマットデザイン 鈴木成一デザイン室
本文デザイン 山之口正和（OKIKATA）
翻訳協力 オフィス宮崎
本文印刷 信毎書籍印刷 カバー印刷 山一印刷
製本 ナショナル製本

ISBN978-4-479-32012-8
乱丁本・落丁本はお取り替えいたします。
http://www.daiwashobo.co.jp